Carrément cuisine

Gâteaux

100 recettes incontournables

hachette
CUISINE

Ce livre, c'est 100 recettes goûtées et approuvées, variées et simples à préparer avec des ingrédients faciles à trouver... la base du bon livre de cuisine ! Mais nous avons voulu vous apporter plus encore avec des astuces et des idées qui font débuter le plaisir de cuisiner dès l'ouverture du livre.

1. Fini les listes de courses griffonnées sur de petits papiers que l'on ne retrouve jamais ou qui traînent au fond du cabas. **Choisissez les recettes qui vous font envie, sortez votre smartphone et tagguez le QR code qui figure en bas de la liste des ingrédients.** Vous y aurez accès quand bon vous semblera ! *(Nous vous conseillons d'utiliser les applications i-nigma, Qrafter ou qr scanner disponibles gratuitement sur iPhone et Androïd).*

2. Fini le manque d'inspiration au moment du choix du gâteau. Les chapitres du livre ont été pensés par occasion. Petits et grands gâteaux sont rassemblés dans des chapitres pensés autour de thématiques emblématiques. **Faites ainsi votre choix en un clin d'œil.**

• Pour les **classiques du goûter**
> Rendez-vous page 14

• Pour un peu d'exotisme et des **gâteaux d'ailleurs**
> Rendez-vous page 108

• Pour des **petits gâteaux** à emporter ou à grignoter
> Rendez-vous page 148

• Pour des gâteaux **"Spécial grande occasion"**
> Rendez-vous page 188

3. Et parce qu'on n'a jamais trop d'idées, vous trouverez au début de ce livre **des sommaires illustrés établis en fonction de l'ingrédient dominant** pour chercher le gâteau qui correspond à votre envie du moment.

- Envie de chocolat ? Fondant au chocolat, Moelleux au chocolat, Brownie... retrouvez le chocolat sous toutes ses formes
  > Rendez-vous page 6

- Cake aux fruits confits, Gâteau à l'orange, Clafoutis aux cerises... des gâteaux aux fruits pour tous les goûts
  > Rendez-vous page 8

- Galette de rois, Tarte aux noix de pécan, Moelleux à la noisette... Si vous préférez les gâteaux à base d'amandes, de noix et de noisettes
  > Rendez-vous page 10

SOMMAIRE

1. Goûter

2. Desserts d'ailleurs

3. Petits gâteaux

4. Grandes occasions

1

2

3

6

7

8

11

12

13

Quelques suggestions de recettes

Au chocolat

Et aussi ...

1

2

3

6

7

8

11

12

13

Quelques suggestions de recettes

Aux fruits

Et aussi ...

1

Quelques suggestions de recettes

Aux amandes, noix ou noisettes

1 · Gâteau aux noisettes p. 26
2 · Gâteau aux amandes et aux abricots p. 80
3 · Tarte aux noix de pécan p. 124
4 · Pastilla au lait et aux amandes p. 132
5 · Financiers p. 170
6 · Moelleux à la noisette p. 182
7 · Galette des rois p. 190

Et aussi ...

Cake ou demi-lune amande et chocolat p. 54, Brownie p. 56, Cake marbré clémentine, chocolat et noisettes p. 60, Carrot Cake p. 126, Gâteaux aux dattes p. 134, Financiers pistache-framboises p. 172, Macarons spéculoos et caramel au beurre salé p. 174, Galette des rois amandes et spéculoos p. 192

1. Goûter

Gâteau au yaourt

Pour 1 gâteau / 20 min de préparation / 35 min de cuisson

Ingrédients
3 œufs
200 g de sucre en poudre
1 citron non traité
1 yaourt nature brassé (type bulgare)
50 g de beurre fondu
1 sachet de levure chimique
200 g de farine
1 pincée de sel

1. Préchauffez le four à 190 °C (th. 6). Dans un saladier, cassez les œufs et mélangez-les avec le sucre. Fouettez vigoureusement afin de faire légèrement mousser le mélange.

2. Nettoyez le citron puis râpez finement la peau afin d'en récupérer le zeste. Ajoutez-le à la pâte ainsi que le yaourt, le beurre, la levure, la farine et le sel. Assurez-vous à chaque fois que le mélange est bien homogène avant d'ajouter un nouvel ingrédient.

3. Versez la pâte dans un moule graissé. Enfournez pour 35 min de cuisson. Le gâteau est cuit lorsque la pointe d'un couteau enfoncée à cœur en ressort humide mais propre. Il doit être doré et gonflé. Sortez le gâteau du four et laissez-le tiédir quelques minutes avant de le démouler. Laissez ensuite bien refroidir avant de servir.

VARIANTES

Vous pouvez remplacer le citron par de l'orange et, pourquoi pas, ajouter un peu de vanille. Préparez un gâteau à la noix de coco en ajoutant dans la pâte 1 cuil. à café de coriandre en poudre et 100 g de noix de coco râpée.

CONSEIL

Vous pouvez utiliser tous les types de yaourt (à la grecque, au lait de brebis, etc.) et même du fromage blanc de vache ou de chèvre.

Quatre-quarts nature

Pour 1 quatre-quarts de 6 à 8 personnes / 15 min de préparation / 35 min de cuisson

Ingrédients

4 œufs de calibre moyen (soit 200 g)
200 g de farine
2 cuil. à café de levure
200 g de beurre mou
200 g de sucre en poudre
½ cuil. à café d'extrait de vanille
1 pincée de sel

Matériel

Moule à cake
Papier cuisson

1. Préchauffez le four à 180 °C (th. 6). Tamisez la farine avec la levure et le sel dans un bol.

2. Dans un saladier, fouettez le beurre avec le sucre jusqu'à ce que le mélange soit crémeux. Ajoutez l'extrait de vanille.

3. Cassez les œufs un par un, ajoutez-les au fur et à mesure que vous les cassez tout en mélangeant bien après chaque ajout. Versez en pluie le mélange farine-levure tout en remuant. Mélangez très soigneusement la pâte.

4. Répartissez la préparation dans le moule tapissé de papier cuisson puis enfournez pour 35 min. Vérifiez la cuisson avec la pointe d'un couteau, qui doit ressortir sèche.

5. Laissez bien refroidir.

Gâteau roulé à la confiture

Pour 1 biscuit roulé de 6 personnes / 20 min de préparation / 8 min de cuisson

Ingrédients
6 œufs
120 g de sucre en poudre
80 g de farine
Confiture de framboises
Sucre glace
100 g de framboises
1 pincée de sel

Matériel
Batteur
Plaque à pâtiserie
Papier cuisson

1. Préchauffez le four à 180 °C (th. 6). Cassez les œufs en séparant les blancs des jaunes. Dans un saladier, fouettez vivement les jaunes d'œufs avec la moitié du sucre en poudre. Montez les blancs en neige avec le sel en versant petit à petit le reste de sucre. Incorporez délicatement les blancs aux jaunes d'œufs puis versez la farine en pluie en soulevant délicatement la préparation.

2. Étalez la pâte de façon homogène sur 1 cm d'épaisseur sur la plaque tapissée de papier cuisson. Enfournez pour 8 min. Attention, la cuisson est très rapide, il faut la surveiller pour éviter que le biscuit ne soit sec. Il doit juste blondir.

3. Déposez et enroulez le biscuit dans un torchon propre. Laissez-le refroidir avant de l'utiliser.

4. Déroulez-le et étalez la confiture à l'aide d'une spatule. En vous aidant du torchon, enroulez à nouveau le biscuit. Saupoudrez le sucre glace et déposez quelques framboises sur le dessus. Servez aussitôt.

VARIANTES

Utilisez la confiture de votre choix et amusez-vous avec différents glaçages en fonction de la garniture utilisée.

Gâteau roulé à la crème de marron

Pour 1 gâteau / 30 min de préparation / 15 min de cuisson / 1 h de repos

Ingrédients

6 œufs
150 g de sucre en poudre
1 gousse de vanille
100 g de farine
1 pincée de sel
150 g de crème de marron

Matériel

Batteur électrique
Plaque à pâtisserie
Papier sulfurisé

1. Séparez les blancs des jaunes d'œufs. Dans un grand saladier, versez les jaunes d'œufs, la moitié des blancs d'œufs et la moitié du sucre (75 g). À l'aide du batteur électrique, fouettez cette préparation pendant 5 à 8 min. Il faut que le mélange blanchisse fortement.

2. Dans un autre saladier, montez les blancs d'œufs restants en neige. Ajoutez-y au fur et à mesure le reste de sucre. Vous devez obtenir des blancs fermes et brillants. Mélangez-les délicatement aux jaunes d'œufs.

3. Fendez la gousse de vanille dans la longueur et grattez l'intérieur avec la pointe d'un couteau pour récupérer les petites graines noires qu'elle contient. Tamisez la farine, puis ajoutez-y le sel et les graines de vanille. Incorporez le tout à la préparation précédente jusqu'à obtention d'un mélange homogène. Préchauffez le four à 190 °C (th. 6).

4. Garnissez une plaque à pâtisserie de papier sulfurisé. Versez la pâte à gâteau et étalez-la à l'aide d'une spatule sur une épaisseur de 1 cm environ, en lui donnant une forme rectangulaire. Enfournez pour 15 min de cuisson. La pâte doit légèrement gonfler mais surtout dorer.

5. Sortez le biscuit du four, couvrez-le d'un chiffon propre et retournez-le. Laissez-le complètement refroidir avant de retirer le papier sulfurisé.

6. Pendant ce temps, faites légèrement fondre la crème de marron dans une casserole, puis étalez-la sur toute la surface du biscuit. Roulez ensuite le gâteau sur lui-même en le serrant bien.

CONSEIL

Vous pouvez ajouter dans la crème de marron quelques éclats de marrons glacés ou des petits morceaux d'abricots secs.

Mini-roulés à la pâte à tartiner

Pour 4 mini-roulés / 20 min de préparation / 8 min de cuisson

Ingrédients

20 g de farine
20 g de Maïzena®
3 œufs
30 g de sucre
1 pot de pâte à tartiner

Matériel

Batteur
Plaque à pâtisserie
Papier cuisson

1. Préchauffez le four à 180 °C (th. 6). Tamisez la farine avec la Maïzena. Cassez 2 œufs et séparez les blancs des jaunes. Réservez les blancs dans un saladier. Dans un bol, fouettez les 2 jaunes et l'œuf entier avec la moitié du sucre. Montez les 2 blancs en neige en versant le reste de sucre et en fouettant sans cesse. Incorporez-les aux jaunes en soulevant délicatement la préparation avec une spatule. Versez enfin le mélange de farine en pluie.

2. Tapissez la plaque de papier cuisson, puis versez la préparation de façon homogène sur 1 cm d'épaisseur. Enfournez pour 8 min. Laissez bien refroidir.

3. Coupez des petits rectangles et, avec une spatule, recouvrez chacun d'eux de pâte à tartiner. Roulez-les ensuite délicatement.

CONSEIL

Servez ces mini-roulés avec un peu de sauce au chocolat et parsemez quelques noisettes sur le dessus.

Cake aux fruits confits

Pour 1 cake / 20 min de préparation / 35 min de cuisson

Ingrédients
200 g de fruits confits (oranges, raisins, abricots, melon, etc.)
15 cl de rhum blanc
4 œufs
100 g de sucre en poudre
1 pincée de sel
200 g de beurre ramolli
75 g de miel
200 g de farine + pour saupoudrer les fruits confits
½ sachet de levure chimique

Matériel
Batteur électrique
Moule à cake

1. Coupez les fruits confits en petits cubes de 0,5 cm de côté. Placez-les dans un petit saladier puis recouvrez-les de rhum. Laissez reposer le temps de préparer le reste de la recette. Préchauffez le four à 190 °C (th. 6).

2. Séparez les blancs des jaunes d'œufs. À l'aide du batteur électrique, montez les blancs en neige avec 50 g de sucre et le sel. Fouettez ensuite les jaunes d'œufs avec le reste du sucre, jusqu'à ce que le mélange blanchisse fortement. Ajoutez alors le beurre, le miel, la farine puis la levure. La pâte doit alors être épaisse.

3. Prélevez la moitié des blancs en neige et mélangez-les vigoureusement à la pâte afin de la détendre. Versez le reste des blancs et incorporez-les délicatement à la pâte.

4. Ajoutez les fruits confits rapidement égouttés et farinés. Versez la pâte dans un moule à cake graissé et enfournez pour 35 min de cuisson. Le cake est cuit lorsque la pointe d'un couteau enfoncée à cœur en ressort humide mais propre.

5. Sortez le cake du four et laissez-le tiédir quelques minutes avant de le démouler. Laissez ensuite bien refroidir avant de servir. Conservez le cake au réfrigérateur.

CONSEIL

Vous pouvez ajouter à la pâte des amandes, des noisettes ou des pistaches que vous aurez préalablement fait colorer dans une poêle puis écrasées grossièrement avec le fond d'une casserole épaisse.

Gâteau aux noisettes

Pour 6 personnes / 20 min de préparation / 40 min de cuisson

Ingrédients

250 g de noisettes entières décortiquées
4 œufs
125 g de beurre mou (+ pour le moule)
250 g de sucre en poudre
15 cl de lait
180 g de farine (+ pour le moule)
1 sachet de levure chimique

Matériel

Robot mixeur ou blender
Batteur électrique
Maryse (spatule en plastique souple)
Moule à gâteau de votre choix

1. Préchauffez le four à 180 °C (th. 6). Mixez les noisettes dans le mixeur ou le blender. Séparez les blancs des jaunes d'œufs.

2. Dans un saladier, mélangez le beurre mou avec le sucre en poudre. Ajoutez les jaunes d'œufs. Lorsque le mélange est bien homogène et lisse, ajoutez le lait, la poudre de noisettes, la farine et la levure chimique. La pâte doit être assez épaisse.

3. Montez les blancs d'œufs en neige bien ferme à l'aide du batteur électrique, puis incorporez-les délicatement à la pâte en deux fois. Remuez doucement à l'aide de la maryse.

4. Versez la pâte dans un grand moule à gâteau préalablement beurré et fariné. Enfournez pour 40 min de cuisson, jusqu'à ce que le gâteau soit bien doré. Laissez-le refroidir sur une grille avant de le déguster.

VARIANTE

Remplacez les noisettes par des noix.

Mendiant

Pour 6 personnes / 20 min de préparation / 10 min de repos / 45 min de cuisson

Ingrédients

50 cl de lait
250 g de pain rassis ou de brioche
3 pommes
50 g de raisins secs
3 œufs
180 g de sucre en poudre
Cannelle moulue
20 g de beurre (+ pour le moule)

Matériel

Plat à gratin

1. Faites chauffer le lait dans une casserole. Émiettez le pain rassis ou la brioche dans un saladier, puis versez le lait bouillant par-dessus. Laissez reposer pendant 10 min. Préchauffez le four à 200 °C (th. 6-7).

2. Pendant ce temps, épluchez les pommes, épépinez-les puis coupez-les en cubes. Beurrez le plat à gratin. Déposez les cubes de pomme et les raisins secs dans le plat.

3. Dans un saladier, fouettez les œufs avec le sucre en poudre, puis incorporez le lait et les morceaux de pain ou de brioche trempés. Ajoutez de la cannelle à votre goût. Versez la préparation dans le plat, sur les fruits.

4. Coupez le beurre en petits morceaux et répartissez-les sur le mendiant. Enfournez le mendiant pour 45 min de cuisson, jusqu'à ce qu'il soit bien doré.

VARIANTE

Remplacez les pommes par 250 g de cerises non dénoyautées.

Cake marbré

Pour 1 gâteau / 30 min de préparation / 35 min de cuisson

Ingrédients

4 œufs
150 g de sucre en poudre
1 pincée de sel
200 g de beurre ramolli
175 g de farine
50 g de poudre d'amandes
½ sachet de levure chimique
100 g de chocolat noir

Matériel

Batteur électrique
Moule à cake

1. Séparez les blancs des jaunes d'œufs. À l'aide du batteur électrique, montez les blancs en neige très ferme avec 50 g de sucre et le sel. Fouettez ensuite les jaunes avec le reste de sucre dans un saladier, jusqu'à ce que le mélange blanchisse fortement. Ajoutez alors le beurre, puis la farine, la poudre d'amandes et la levure. La pâte doit alors être épaisse.

2. Prélevez la moitié des blancs en neige et mélangez-les vigoureusement à la pâte afin de la détendre. Incorporez ensuite délicatement le reste des blancs.

3. Faites fondre au bain-marie le chocolat. Pour cela, cassez-le en morceaux dans un petit saladier et placez celui-ci au-dessus d'une casserole d'eau frémissante. Récupérez un tiers de la pâte à gâteau et mélangez-la au chocolat fondu, hors du feu.

4. Préchauffez le four à 190 °C (th. 6). Dans un moule à cake graissé, versez la moitié de la pâte nature, puis ajoutez par-dessus celle au chocolat et couvrez enfin du reste de pâte nature. À l'aide du manche d'une cuillère en bois, donnez des petits coups dans la pâte un peu partout afin de légèrement mélanger les couleurs. Enfournez pour 35 min de cuisson. Le gâteau est cuit lorsque la pointe d'un couteau enfoncée à cœur en ressort humide mais propre.

5. Sortez le gâteau du four et laissez-le tiédir quelques minutes avant de le démouler. Laissez ensuite bien refroidir avant de servir.

Flan pâtissier

Pour 6 personnes / 20 min de préparation / 40 min de cuisson

Ingrédients

1 pâte brisée
1 l de lait
1 gousse de vanille
4 œufs
150 g de sucre en poudre
80 g de Maïzena (fécule de maïs)

Matériel

Moule rond
Papier sulfurisé

1. Étalez la pâte brisée dans le moule couvert de papier sulfurisé. Préchauffez le four à 180 °C (th. 6).

2. Faites bouillir le lait avec la gousse de vanille fendue. Fouettez les œufs dans un saladier.

3. Dans un autre saladier, mélangez le sucre et la Maïzena. Ajoutez les œufs bien battus sans cesser de battre. Versez le lait bouillant, sans la gousse de vanille, en fouettant. Reversez la préparation dans la casserole et faites chauffer à feu doux pendant 5 min, en remuant jusqu'à ce que le mélange épaississe.

4. Versez la préparation dans le moule et enfournez pour 40 min de cuisson. Il doit être bien doré.

5. Laissez refroidir le flan avant de le déguster.

Brioche au mascarpone

Pour 1 grosse brioche / 25 min de préparation / 1 h 45 de repos / 25 min de cuisson

Ingrédients

10 cl de lait
500 g de farine (+ un peu pour le moule)
1 sachet de levure de boulanger déshydratée
50 g de sucre en poudre
1 œuf + 1 jaune
250 g de mascarpone
1 jaune d'œuf + 1 cuil. à soupe de lait (pour la dorure)
Grains de sucre (décor)
1 noix de beurre pour le moule
Sel

Matériel

Robot (facultatif)
Moule à cake
Pinceau alimentaire
Grille

1. Faites tiédir le lait. Mélangez dans un saladier, ou dans le bol du robot, la farine, la levure déshydratée, le sel et le sucre en poudre. Ajoutez les œufs, le lait tiède puis le mascarpone. Pétrissez la pâte jusqu'à ce qu'elle devienne homogène et légèrement élastique. Ajoutez 1 cuil. à soupe de farine si la pâte colle un peu trop.

2. Couvez le saladier et laissez lever la pâte pendant 1 h dans un endroit tiède (à côté du radiateur, par exemple) jusqu'à ce qu'elle double de volume.

3. Lorsque la pâte a doublé de volume, versez-la sur le plan de travail légèrement fariné. Dégazez la pâte et formez 3 boules. Déposez les boules de pâte dans le moule à cake préalablement beurré et fariné. Couvrez et laissez lever à nouveau pendant 45 min. Préchauffez le four à 180 °C (th. 6).

4. Badigeonnez la brioche du mélange jaune d'œuf-lait à l'aide du pinceau et saupoudrez-la de grains de sucre. Enfournez pour 25 min de cuisson. La brioche doit être bien dorée ! Laissez-la refroidir sur la grille.

CONSEIL

Emballez la brioche dans du papier d'aluminium pour qu'elle reste moelleuse.

Gâteau moelleux au chocolat

Pour 1 gâteau / 25 min de préparation / 30 min de cuisson

Ingrédients

4 œufs
100 g de beurre
100 g de chocolat noir
50 g de chocolat au lait
100 g de cassonade
50 g de farine
100 g de poudre d'amandes
1 pincée de sel

Matériel

Batteur électrique

1. Préchauffez le four à 180 °C (th. 6). Séparez les jaunes des blancs d'œufs. Dans une casserole, faites fondre le beurre. Ajoutez alors les chocolats préalablement cassés en morceaux, puis mélangez bien jusqu'à obtention d'une préparation homogène.

2. Hors du feu, ajoutez la cassonade et remuez bien. Ajoutez ensuite tour à tour la farine, la poudre d'amandes puis le sel, en mélangeant bien entre chaque ajout.

3. À l'aide du batteur électrique, montez les blancs d'œufs en neige très ferme avec le sel. Terminez en ajoutant les jaunes d'œufs. Prélevez-en un tiers et ajoutez-les à la pâte en remuant afin de bien l'aérer. Incorporez ensuite le reste des blancs en neige délicatement.

4. Versez la pâte dans un moule graissé et enfournez pour 30 min de cuisson. Le gâteau est cuit lorsque la pointe d'un couteau enfoncée à cœur en ressort humide mais propre.

5. Sortez le gâteau du four et laissez-le tiédir quelques minutes avant de le démouler. Laissez ensuite bien refroidir avant de servir.

CONSEIL

Si vous désirez corser le goût de ce gâteau, baissez la quantité de poudre d'amandes et n'utilisez que du chocolat noir.

Fondants au chocolat

Pour 8 fondants / 20 min de préparation / 12 à 15 min de cuisson

Ingrédients

200 g de chocolat noir à 52 % ou 64 %

100 g de beurre (+ pour les moules)

4 œufs

120 g de sucre roux

50 g de farine (+ pour les moules)

1 pincée de sel

Matériel

8 moules à muffins souples de 8 cm de diamètre

1. Préchauffez le four à 180 °C (th. 6). Cassez le chocolat en carrés et faites-le fondre avec le beurre au four à micro-ondes ou au bain-marie. Mélangez bien jusqu'à obtention d'une masse homogène.

2. Dans un saladier, fouettez quelques instants les œufs et le sucre. Ajoutez la farine d'une traite, le sel puis le chocolat fondu. Mélangez bien.

3. Versez la pâte dans les petits moules beurrés et farinés (si vous utilisez des moules souples, inutile de les beurrer). Enfournez pour 12 à 15 min de cuisson, selon le type de four. À la sortie du four, laissez refroidir pendant 5 min avant de démouler. Déposez les fondants sur des assiettes de service et laissez les convives découvrir la merveilleuse sauce qu'ils contiennent !

VARIANTE

Préparez ces fondants avec du chocolat blanc. Dans ce cas, ôtez 30 g de sucre et ajoutez à la pâte les graines de 2 ou 3 gousses de vanille.

Quatre-quarts au chocolat

Pour 1 quatre-quarts de 6 à 8 personnes / 15 min de préparation / 30 à 35 min de cuisson

Ingrédients

200 g de chocolat pâtissier
200 g de beurre
200 g de farine
2 cuil. à café de levure
4 œufs de calibre moyen
200 g de sucre en poudre
½ cuil. à café d'extrait de vanille
1 pincée de sel

Matériel

Moule à cake
Papier cuisson

1. Préchauffez le four à 180 °C (th. 6). Faites fondre le chocolat avec le beurre dans une casserole, à feu doux.

2. Tamisez la farine avec la levure et le sel dans un bol. Dans un saladier, fouettez les œufs avec le sucre. Ajoutez l'extrait de vanille et le chocolat fondu puis mélangez. Versez en pluie le mélange farine-levure tout en remuant.

3. Répartissez la préparation dans le moule à cake tapissé de papier cuisson puis enfournez pour 30 à 35 min. Vérifiez la cuisson avec la pointe d'un couteau : elle doit ressortir sèche.

4. Laissez bien refroidir avant de déguster.

Charlotte au chocolat

Pour 8 personnes / 1 h de préparation / 1 nuit de réfrigération

Ingrédients

20 biscuits à la cuiller environ
400 g de chocolat noir à 52 % ou 70 %
100 g de sucre en poudre (+ 20 g pour le moule)
6 jaunes d'œufs
40 cl de crème liquide très froide
1 cuil. à soupe de sucre glace (facultatif)

Matériel

Moule à charlotte
Thermomètre de cuisine
Batteur électrique
Film alimentaire

1. Disposez les biscuits à la cuiller sur les parois et le fond du moule. Pour qu'ils tiennent en place, ils doivent être très serrés les uns contre les autres. Mettez de côté.

2. Râpez ou hachez le chocolat dans un saladier. Placez-le au-dessus d'une casserole d'eau frémissante afin de faire fondre le chocolat au bain-marie, sans le laisser dépasser 33 °C. Versez le sucre et 6 cl d'eau dans une casserole puis portez à ébullition pendant 3 ou 4 min.

3. Dans un bain-marie, battez les jaunes d'œufs à l'aide du batteur électrique à grande vitesse pendant 3 ou 4 min. Ajoutez le sirop et battez à nouveau pendant 5 min jusqu'à obtention d'une masse pâle, aérée et légèrement chaude. Montez également la crème liquide en chantilly bien ferme.

4. Ajoutez les jaunes d'œufs et la crème fouettée au chocolat fondu. Mélangez le moins possible afin de ne pas faire retomber la pâte. Versez-la ensuite dans le moule à charlotte. Recouvrez de film alimentaire et laissez toute une nuit au réfrigérateur avant de démouler. Saupoudrez éventuellement de sucre glace avant de servir.

CONSEIL

Pour faciliter le mélange de l'appareil à charlotte, ajoutez d'abord au chocolat fondu 15 cl de crème bouillante, puis mélangez bien. Incorporez ensuite les jaunes d'œufs et la crème battue.

Marquise (gâteau sans cuisson)

Pour 6 personnes / 30 min de préparation / 1 nuit de repos

Ingrédients

250 g de chocolat noir
130 g de beurre de très bonne qualité (type Isigny ou autre)
100 g de sucre glace
5 œufs très frais

Matériel

Batteur électrique
Moule carré ou rectangulaire
Film alimentaire

1. Cassez le chocolat en morceaux, placez-le dans un saladier avec le beurre coupé en dés. Faites fondre le tout au bain-marie en posant le saladier sur une casserole d'eau frémissante.

2. Pendant ce temps, séparez les blancs des jaunes d'œufs. Posez le saladier contenant les jaunes d'œufs sur la casserole d'eau ayant servi au bain-marie du chocolat. Ajoutez-y la moitié du sucre glace. Battez pendant 4 ou 5 min à l'aide du batteur électrique, à vitesse maximale. Ôtez le saladier du feu et continuez de battre pendant encore 2 min. Mettez de côté ce sabayon.

3. Montez en neige ferme 4 blancs d'œufs, puis ajoutez le reste du sucre glace. Incorporez les jaunes d'œufs et les blancs en neige au chocolat. Mélangez le moins possible pour ne pas faire retomber la préparation.

4. Versez la pâte dans le moule tapissé de film alimentaire et placez au réfrigérateur pendant toute une nuit. Le lendemain, démoulez la marquise et coupez-la en tranches ou servez à la cuillère.

CONSEIL

Servez la marquise avec une bonne crème Chantilly parfumée à la vanille.

Gâteau truffé

Pour 6-8 personnes / 1 h de préparation / 1 nuit + 1 à 2 h de réfrigération / 40 min de cuisson

Ingrédients

Pour la garniture

55 cl de crème liquide
150 g de chocolat noir
Copeaux de chocolat

Pour le gâteau

6 œufs
80 g de chocolat noir
80 g de beurre (+ pour le moule)
110 g de sucre en poudre
90 g de farine (+ pour le moule)

Matériel

Mixeur plongeant
Batteur électrique
Moule à génoise de 23 à 25 cm de diamètre

1. La veille, préparez la garniture. Faites bouillir la crème dans une casserole et sortez du feu aussitôt. Ajoutez le chocolat préalablement haché ou râpé. Mélangez au fouet puis mixez la préparation quelques secondes à l'aide du mixeur plongeant. Laissez refroidir puis placez dans le réfrigérateur pendant toute une nuit.

2. Préchauffez le four à 180 °C (th. 6). Préparez le gâteau. Séparez les blancs des jaunes d'œufs. Faites fondre le chocolat et le beurre au four à micro-ondes ou au bain-marie. Dans un saladier, fouettez le sucre et les jaunes d'œufs, puis ajoutez la farine et le chocolat. Mélangez bien. À l'aide du batteur électrique, montez les blancs d'œufs en neige ferme puis incorporez-les délicatement à la préparation précédente.

3. Versez la pâte dans le moule préalablement beurré et fariné, puis enfournez pour 30 min de cuisson. Laissez refroidir à la sortie du four. Découpez ensuite 4 disques d'épaisseur égale dans le gâteau.

4. À l'aide du batteur électrique, fouettez le mélange crème-chocolat sorti du réfrigérateur, jusqu'à obtention d'une belle mousse. Tartinez les disques de cette mousse et superposez-les afin de reconstituer le gâteau. Étalez ensuite de la mousse sur toute la surface du gâteau. Parsemez-le de copeaux de chocolat avant de le placer au réfrigérateur pendant 1 à 2 h.

CONSEIL

Avant de couper ce gâteau en parts, trempez la lame du couteau dans un verre d'eau chaude, ce sera bien plus facile.

Gâteau meringué au chocolat

Pour 6-8 personnes / 1 h de préparation / 7 h de cuisson / 1 nuit + 1 à 2 h de réfrigération

Ingrédients

Pour les disques de meringue

250 g de sucre glace
10 g de Maïzena
2 cuil. à soupe de cacao amer en poudre
5 blancs d'œufs

Pour la garniture

55 cl de crème liquide
150 g de chocolat noir
Copeaux de chocolat blanc et noir

Matériel

Passoire fine
Batteur électrique
Poche à douille
Papier sulfurisé
Mixeur plongeant

1. Préparez la meringue. Mettez de côté 4 cuil. à soupe de sucre glace. Mélangez le reste du sucre glace, la Maïzena et le cacao amer, puis tamisez le tout à l'aide d'une passoire fine. À l'aide du batteur électrique, montez les blancs d'œufs en neige ferme, puis versez le sucre glace mis de côté. Battez encore quelques instants avant d'ajouter ensuite le mélange sucre-Maïzena-cacao. Continuez de battre pendant encore 5 min environ.

2. Préchauffez le four à 80/100 °C (th. 2-3). Mettez la meringue dans la poche à douille puis formez 3 cercles de 20 à 25 cm de diamètre sur des plaques tapissées de papier sulfurisé. Enfournez pour 7 h de cuisson. Sortez du four.

3. Préparez la garniture. Faites bouillir la crème dans une casserole et sortez du feu aussitôt. Ajoutez le chocolat préalablement haché ou râpé. Mélangez au fouet puis mixez la préparation quelques secondes avec le mixeur plongeant. Laissez refroidir puis placez dans le réfrigérateur pendant 1 nuit.

4. À l'aide du batteur électrique, fouettez le mélange crème-chocolat sorti du réfrigérateur, jusqu'à obtention d'une belle mousse. Tartinez les disques de meringue de cette mousse et superposez-les afin de reconstituer un gâteau. Étalez ensuite de la mousse sur toute la surface du gâteau. Parsemez-le de copeaux de chocolat avant de le placer au réfrigérateur pendant 1 à 2 h.

CONSEIL

Pour le décor, panachez des copeaux de chocolats noir et blanc.

Montagnes au chocolat au cœur de crème de marron

Pour 10 montagnes au chocolat / 10 min de préparation / 15 à 20 min de cuisson

Ingrédients
3 pots de farine
1 sachet de levure chimique
1 pot de cacao en poudre
3 œufs
1 pot de yaourt nature (le pot sert d'unité de mesure)
½ pot d'huile
2 pots de sucre en poudre
150 g de crème de marron

Pour la sauce au chocolat
150 g de chocolat noir pâtissier
15 cl de crème liquide
15 cl d'eau
2 cuil. à soupe de sucre

Matériel
Moule à briochettes en silicone

1. Préchauffez le four à 180 °C (th. 6). Tamisez la farine avec la levure chimique et le cacao. Dans un saladier, fouettez vivement les œufs et le yaourt. Versez l'huile et le sucre. Mélangez bien. Versez en trois fois le mélange farine-levure-cacao. Remuez bien la pâte.

2. Répartissez 2 cuil. à soupe de pâte dans les moules, déposez 1 cuil. à café de crème de marron et recouvrez de pâte. Enfournez pour 15 à 20 min.

3. Sortez du four puis laissez refroidir sur une grille.

4. Préparez la sauce au chocolat : Dans un saladier, concassez le chocolat. Faites chauffer la crème liquide avec l'eau et le sucre dans une casserole et portez-la à ébullition. Une fois la crème liquide à ébullition, versez-la sur le chocolat et mélangez délicatement jusqu'à obtenir une sauce lisse et homogène.

5. Au moment de servir, placez chaque montagne sur une assiette et versez un peu de sauce au chocolat sur le dessus.

Gâteau marbré aux deux chocolats

Pour 1 cake de 6 à 8 personnes / 20 min de préparation / 30 à 35 min de cuisson

Ingrédients

150 g de beurre
180 g de farine
½ sachet de levure chimique
3 œufs
180 g de sucre
150 g de chocolat noir pâtissier
150 g de chocolat blanc pâtissier
1 pincée de sel

Matériel

Batteur
Moule à cake
Papier cuisson

1. Préchauffez le four à 180 °C (th. 6). Faites fondre le beurre dans une casserole à feu doux. Réservez. Tamisez la farine et la levure dans un bol. Cassez les œufs en séparant les blancs des jaunes. Montez les blancs en neige bien ferme avec le sel. Dans un saladier, mélangez au fouet le beurre fondu avec le sucre puis ajoutez les jaunes d'œufs et versez en pluie le mélange farine-levure. Mélangez le tout. Ajoutez ensuite les blancs montés en neige, en tournant doucement dans le même sens.

2. Faites fondre séparément les deux chocolats, au bain-marie ou au micro-ondes. Divisez la pâte en 2 parties égales : dans l'une, incorporez le chocolat noir, dans l'autre, le chocolat blanc.

3. Dans le moule tapissé de papier cuisson, versez la pâte au chocolat noir et la pâte au chocolat blanc en les alternant jusqu'à épuisement de la pâte.

4. Enfournez pour 30 à 35 min de cuisson. Laissez refroidir avant de servir.

VARIANTE

Préparez ce marbré dans des moules à madeleines.

Cake ou demi-lune amande et chocolat

Pour 8 petits gâteaux / 25 min de préparation / 35 min de cuisson

Ingrédients

100 g de chocolat noir râpé
40 g de pâte d'amande
6 jaunes d'œufs
100 g de beurre fondu
6 blancs d'œufs
1 pincée de sel
70 g de sucre roux
120 g d'amandes hachées pas trop finement
Sucre glace

Matériel

3 moules « gouttières » de 18 cm x 9 cm x 5 cm ou 1 moule à cake
Batteur électrique

1. Faites fondre le chocolat au four à micro-ondes ou au bain-marie. Dans un saladier, mélangez la pâte d'amande avec les jaunes d'œufs.

2. Dans un autre saladier, mélangez le chocolat fondu avec le beurre fondu. Dans un troisième saladier, montez les blancs d'œufs en neige ferme avec le sel à l'aide du batteur électrique. Ajoutez ensuite le sucre roux et battez encore pendant 2 ou 3 min. Préchauffez le four à 160 °C (th. 5-6).

3. Mélangez les trois préparations ensemble. Incorporez enfin les amandes hachées. Répartissez la pâte dans les moules et enfournez pour 35 min de cuisson, plus ou moins selon le type de four. À la sortie du four, démoulez et laissez refroidir. Saupoudrez de sucre glace avant de servir.

CONSEIL

Si vous ne trouvez pas de moules « gouttières » ou en « demi-lune », un moule à cake conviendra également, bien sûr.

Brownie

Pour 4 personnes / 25 min de préparation / 20 à 25 min de cuisson

Ingrédients

120 g de noix de pécan
115 g de chocolat noir pâtissier
200 g de beurre (+ un peu pour le moule)
200 g de sucre
4 œufs
1 cuil. à café d'extrait de vanille
140 g de farine
1 pincée de sel

Matériel

Moule d'environ 22 cm de côté

1. Préchauffez le four à 180 °C (th. 6). Hachez grossièrement les noix de pécan.

2. Au bain-marie, faites fondre le chocolat en morceaux et le beurre coupé en dés. Une fois fondu, ajoutez le sucre, remuez bien et poursuivez la cuisson pendant 2 min. Retirez du feu puis ajoutez les œufs un par un tout en fouettant. Versez l'extrait de vanille, la farine tamisée et le sel ; remuez le tout avec une spatule en bois. Ajoutez à la fin les noix de pécan.

3. Beurrez le moule puis versez la pâte dedans. Enfournez pour 20 à 25 min.

4. Laissez refroidir le moule sur une grille. Dégustez froid.

Brownies chocolat-crème de marron

Pour 6 personnes / 20 min de préparation / 45 min de cuisson

Ingrédients
4 œufs
500g de crème de marron
175 g de beurre
200 g de chocolat noir
175 g de farine

1. Préchauffez votre four à 180°C (th.6).

2. Dans un saladier, fouetter les œufs avec la crème de marron.

3. Faites fondre le beurre avec le chocolat noir au bain-marie puis ajoutez ce mélange à la préparation à base de crème de marron. Ajoutez en dernier la farine tamisée et mélangez bien.

4. Versez la pâte dans un moule carré beurré et fariné. Enfournez pendant 45 min.

5. Démoulez et laissez tiédir sur une grille.

VARIANTE

On ne met pas de sucre dans cette recette car la crème de marron est déjà très sucrée. Vous pouvez la remplacer par de la purée de marron nature et sucrer à votre goût. La saveur du marron sera alors plus présente.

Cake marbré clémentine, chocolat et noisettes

Pour 1 cake marbré de 6 à 8 personnes / 30 min de préparation / 30 à 35 min de cuisson

Ingrédients
150 g de beurre
180 g de farine
½ sachet de levure chimique
3 œufs
180 g de sucre
3 clémentines
30 g de cacao
80 g de noisettes concassées
1 pincée de sel

Pour la ganache au chocolat
250 g de chocolat noir
25 cl de crème liquide

Matériel
Batteur
Moule à cake
Papier cuisson

1. Préchauffez le four à 180 °C (th. 6). Faites fondre le beurre dans une casserole à feu doux. Réservez. Tamisez la farine et la levure dans un bol. Cassez les œufs en séparant les blancs des jaunes. Montez les blancs en neige bien ferme avec le sel.

2. Dans un saladier, mélangez au fouet le beurre fondu avec le sucre puis ajoutez les jaunes d'œufs et versez en pluie le mélange farine-levure. Mélangez le tout. Ajoutez ensuite les blancs montés en neige, en tournant doucement dans le même sens.

3. Lavez, zestez et prélevez le jus des clémentines. Divisez la pâte en 2 parties égales : dans l'une, incorporez le cacao et, dans l'autre, le jus et les zestes des clémentines.

4. Répartissez les préparations dans le moule tapissé de papier cuisson en alternant la pâte au chocolat, les noisettes concassées et la pâte à la clémentine jusqu'à épuisement des pâtes.

5. Enfournez pour 30 à 35 min. La pointe d'un couteau doit ressortir sèche. Laissez refroidir.

6. Préparez la ganache au chocolat : Dans un saladier, concassez le chocolat. Faites chauffer la crème liquide dans une casserole et portez-la à ébullition. Une fois la crème liquide à ébullition, versez-la sur le chocolat et mélangez-la délicatement à l'aide d'une cuillère en bois jusqu'à obtenir une ganache lisse et homogène. Étalez généreusement la ganache au chocolat sur l'ensemble du marbré et laissez figer avant de durcir.

Gâteau au chocolat et à la banane

Pour 1 gâteau / 25 min de préparation / 40 min de cuisson

Ingrédients

3 bananes bien mûres
1 yaourt nature
150 g de beurre pommade
200 g de cassonade
3 œufs
300 g de farine
1 sachet de levure chimique
1 pincée de sel
1 cuil. à soupe de cacao amer
150 g de pépites de chocolat noir

1. Préchauffez le four à 180 °C (th. 6). Dans un petit saladier, écrasez les bananes avec le yaourt. Dans un autre saladier, mélangez le beurre avec la cassonade jusqu'à obtention d'un mélange homogène. Ajoutez alors un à un les œufs puis les bananes.

2. Versez ensuite la farine, la levure, le sel, le cacao puis les pépites de chocolat, en mélangeant bien entre chaque ajout afin d'homogénéiser la pâte.

3. Versez la pâte dans un moule à gâteau graissé puis enfournez pour 40 min de cuisson. Le gâteau est cuit lorsque la pointe d'un couteau enfoncée à cœur en ressort humide mais propre.

4. Sortez le gâteau du four et laissez-le refroidir avant de le démouler et de le servir.

CONSEIL

On trouve dans le commerce des pépites de chocolat toutes faites mais qui sont un peu trop sucrées. Vous pouvez les confectionner vous-même en hachant au couteau du chocolat noir à pâtisserie. Plus simplement, mettez les carrés de chocolat dans le bol d'un robot ménager et donnez de petits à-coups d'hélice.

Gâteau au chocolat et au thé

Pour 1 gâteau / 30 min de préparation / 35 min de cuisson

Ingrédients
4 œufs
1 pincée de sel
150 g de sucre en poudre
+ 1 cuil. à café pour le thé
10 cl de lait entier
2 sachets de thé Earl Grey
200 g de beurre
200 g de farine
150 g de chocolat noir

Matériel
Batteur électrique
Pinceau de cuisine

1. Préchauffez le four à 190 °C (th. 6). Séparez les jaunes des blancs d'œufs. À l'aide du batteur électrique, montez les blancs d'œufs en neige très ferme avec le sel. Dans un saladier, versez les jaunes d'œufs et le sucre, puis fouettez vigoureusement.

2. Dans une casserole, portez le lait à ébullition. Coupez le feu puis faites-y infuser 1 sachet de thé pendant 3 min. Faites fondre le beurre dans une autre casserole, puis ajoutez-le aux jaunes d'œufs ainsi que la farine et le lait. Cassez le chocolat en morceaux puis mettez-les dans un bol, que vous placerez au-dessus d'une casserole d'eau frémissante afin de le faire fondre au bain-marie. Ajoutez-le ensuite aux jaunes d'œufs.

3. Prélevez un tiers des blancs en neige et mélangez-les vigoureusement au chocolat. Versez le reste des blancs en neige et incorporez-les délicatement.

4. Versez la pâte dans un moule beurré et enfournez pour 35 min de cuisson. Le gâteau est cuit lorsque la pointe d'un couteau enfoncée à cœur en ressort humide mais propre.

5. Pendant ce temps, préparez un thé sucré avec le dernier sachet de thé, puis imbibez-en le gâteau à l'aide d'un pinceau lorsque vous le sortez du four. Laissez tiédir le gâteau avant de le démouler.

VARIANTE

Pour un goût plus doux et moins corsé, baissez de 50 g la quantité de chocolat et remplacez 100 g de farine par 100 g de poudre d'amandes.

Tarte au chocolat

Pour 6 personnes / 15 min de préparation / 50 min de cuisson / 1 h de réfrigération

Ingrédients

1 pâte sablée

Pour la ganache au chocolat

250 g de chocolat
8 cl de lait
12 g de beurre
20 cl de crème fleurette
2 œufs

Matériel

Moule à tarte

1. Préchauffez le four à 180 °C (th. 6). Disposez la pâte sablée dans le moule à tarte et faites-le cuire à blanc environ 30 min.

2. Concassez le chocolat avec un couteau à dents, placez-le dans un saladier. Dans une casserole, faites bouillir le lait, le beurre et la crème. Versez ce mélange sur le chocolat. Mélangez délicatement avec un fouet en veillant à ne pas faire de bulles. Battez légèrement les œufs, puis ajoutez-les à la préparation.

3. Versez ce mélange dans le fond de tarte préalablement cuit et enfournez pendant 20 min à four éteint, encore chaud de la cuisson de la pâte. Vérifiez la cuisson en remuant la tarte, le milieu doit être légèrement tremblotant. Laissez refroidir d'abord à température ambiante puis mettez la tarte au réfrigérateur pendant au moins 1 h.

Tarte au chocolat blanc crunchy

Pour 6 personnes / 15 min de préparation / 45 min de cuisson / 2 h de réfrigération

Ingrédients
1 pâte sablée

Pour la garniture
200 g de chocolat blanc à dessert
20 cl de crème fraîche liquide
2 jaunes d'œufs
1 petit paquet de céréales Crunch (25 g)

Matériel
Moule à tarte

1. Préchauffez le four à 180 °C (th. 6).

2. Disposez la pâte sablée dans le moule à tarte et faites-la précuire à blanc environ 20 min.

3. Hachez le chocolat blanc avec un couteau à dents. Faites chauffer la crème liquide jusqu'à ébullition puis versez-la sur le chocolat haché. Hors du feu, ajoutez un à un les jaunes d'œufs en fouettant bien puis ajoutez délicatement les céréales Crunch.

4. Versez sur le fond de tarte refroidi. Enfournez pendant 20 min. Vérifiez la cuisson en remuant la tarte, le milieu doit être légèrement tremblotant. Laissez refroidir d'abord à température ambiante puis mettez la tarte au réfrigérateur pendant au moins 2 h avant de déguster.

Tarte craquante choco-marron

Pour 6 personnes / 15 min de préparation / 40 à 50 min de cuisson / 2 h de réfrigération

Ingrédients
1 pâte sablée
1 blanc d'œuf

Pour la garniture
40 cl de crème liquide
2 jaunes d'œufs
2 œufs entiers
20 g de sucre
150 g de crème de marron sucrée
80 g de chocolat noir (70%)

Matériel
Moule à tarte

1. Préchauffez le four à 180 °C (th. 6). Disposez la pâte sablée dans le moule à tarte et faites-le précuire à blanc environ 20 min. Afin de préserver le croustillant de la pâte, badigeonnez-la 5 min avant la fin de la cuisson, avec un pinceau, de blanc d'œuf légèrement battu.

2. Dans une casserole, faites chauffer la crème sans la faire bouillir. Dans un saladier, fouettez les jaunes d'œufs et les œufs entiers avec le sucre. Versez la crème chaude tout en continuant de fouetter. Délayez la crème de marron dans la préparation puis versez le mélange sur le fond de tarte. Enfournez pour 25 à 30 min. La crème doit être légèrement tremblotante. Laissez la tarte refroidir complètement.

3. Coupez le chocolat à l'aide d'un couteau à dents. Placez les morceaux de chocolat dans un récipient posé sur une casserole d'eau frémissante. Étalez une fine couche de chocolat fondu sur le dessus de la crème au marron. Laissez refroidir 2 h au réfrigérateur avant de déguster.

Gâteau au yaourt aux pommes

Pour 1 gâteau de 6 à 8 personnes / 20 min de préparation / 35 à 40 min de cuisson

Ingrédients

½ gousse de vanille
1 pot de yaourt nature (le pot sert d'unité de mesure)
3 œufs
½ pot d'huile
1 pot de sucre en poudre
1 pot de cassonade (sucre roux en poudre)
3 pots de farine
1 sachet de levure chimique
3 pommes

Matériel

Moule rond
Papier cuisson

1. Préchauffez le four à 180 °C (th. 6).

2. Coupez la gousse de vanille en deux puis prélevez les graines à l'aide d'un couteau. Réservez. Épluchez et coupez les pommes en petits dés. Videz le pot de yaourt dans un saladier, cassez les œufs dedans et fouettez vivement. Versez l'huile, les sucres, les graines de vanille, la farine et la levure. Incorporez les dés de pommes et mélangez bien.

3. Versez la préparation dans le moule tapissé de papier cuisson puis enfournez pour 35 à 40 min. Vérifiez la cuisson : la pointe d'un couteau doit ressortir sèche.

4. Laissez bien refroidir avant de déguster.

VARIANTES

Ajoutez à ce classique 150 g de mûres ou 100 g de raisins secs.

Gâteau renversé à l'ananas

Pour 1 gâteau / 25 min de préparation / 35 min de cuisson

Ingrédients
1 gousse de vanille
4 œufs
225 g de sucre en poudre
1 pincée de sel
200 g de beurre ramolli
200 g de farine
1 petit ananas victoria

Matériel
Batteur électrique

1. Fendez la gousse de vanille dans la longueur et grattez l'intérieur avec la pointe d'un couteau pour récupérer les petites graines noires qu'elle contient.

2. Séparez les blancs des jaunes d'œufs. À l'aide du batteur électrique, montez les blancs en neige très ferme avec 50 g de sucre et le sel. Fouettez ensuite les jaunes avec 100 g de sucre, jusqu'à ce que le mélange blanchisse fortement. Ajoutez alors le beurre, puis la farine et les graines de vanille. La pâte doit être épaisse.

3. Préchauffez le four à 190 °C (th. 6). Prélevez la moitié des blancs en neige et mélangez-les vigoureusement à la pâte afin de la détendre. Versez le reste des blancs et incorporez-les délicatement à la pâte.

4. Épluchez l'ananas en retirant bien tous les yeux noirs. Coupez-le ensuite en tranches avant de retirer le cœur. Dans un moule à gâteau antiadhésif pouvant aller sur le feu, versez le reste du sucre et mettez sur le feu. Lorsque le sucre a fondu et qu'il a pris une belle couleur blonde, coupez le feu.

5. Répartissez les tranches d'ananas en rosace sur le caramel puis versez la pâte par-dessus. Enfournez pour 35 min de cuisson. Le gâteau est cuit lorsque la pointe d'un couteau enfoncée à cœur en ressort humide mais propre. Sortez le gâteau du four et laissez-le tiédir quelques minutes avant de le démouler. Laissez ensuite bien refroidir avant de servir.

CONSEIL

Pour rendre ce gâteau encore plus moelleux, arrosez-le, après l'avoir démoulé, d'un verre de jus d'ananas de très bonne qualité.

Gâteaux à l'orange

Pour 1 gâteau / 25 min de préparation / 35 min de cuisson

Ingrédients

2 oranges non traitées
4 œufs
150 g de sucre en poudre
1 pincée de sel
200 g de beurre ramolli
200 g de farine
½ sachet de levure chimique

Matériel

Batteur électrique

1. Nettoyez les oranges. Râpez la peau de l'une d'entre elles afin d'en récupérer le zeste. À l'aide d'un couteau bien aiguisé, coupez les bouts ronds des oranges, puis épluchez-les afin d'en retirer toute la peau et la membrane. Toujours avec votre couteau, incisez jusqu'au cœur les oranges de part et d'autre des membranes blanches afin de retirer les quartiers. Pressez ensuite le cœur des oranges entre vos mains pour en récupérer le jus.

2. Séparez les blancs des jaunes d'œufs. À l'aide du batteur électrique, montez les blancs en neige très ferme avec 50 g de sucre et le sel. Fouettez ensuite les jaunes avec le reste de sucre dans un saladier, jusqu'à ce que le mélange blanchisse fortement. Ajoutez alors le beurre, puis la farine, le zeste d'orange et la levure. La pâte doit être épaisse.

3. Préchauffez le four à 190 °C (th. 6). Prélevez la moitié des blancs en neige et mélangez-les vigoureusement à la pâte afin de la détendre. Versez le reste des blancs et le jus d'orange. Incorporez-les délicatement à la pâte.

4. Versez la pâte dans un moule à gâteau graissé. Disposez les quartiers d'orange en rosace et enfournez pour 35 min de cuisson. Le gâteau est cuit lorsque la pointe d'un couteau enfoncée à cœur en ressort humide mais propre.

5. Sortez le gâteau du four et laissez-le tiédir quelques minutes avant de le démouler. Laissez ensuite bien refroidir avant de servir.

Gâteau au pamplemousse

Pour 1 gâteau / 25 min de préparation / 35 min de cuisson

Ingrédients
2 pamplemousses roses
4 œufs
150 g de sucre en poudre
1 pincée de sel
200 g de beurre ramolli
200 g de farine
½ sachet de levure chimique
75 g de sucre glace

Matériel
Batteur électrique
Pinceau de cuisine (facultatif)

1. À l'aide d'un couteau bien aiguisé, coupez les bouts ronds des pamplemousses, puis épluchez-les afin d'en retirer toute la peau et la membrane. Toujours avec votre couteau, incisez jusqu'au cœur les pamplemousses de part et d'autre des membranes blanches afin de retirer les quartiers. Pressez ensuite le cœur des pamplemousses entre vos mains afin d'en récupérer le jus.

2. Préchauffez le four à 190 °C (th. 6). Séparez les blancs des jaunes d'œufs. À l'aide du batteur électrique, montez les blancs en neige avec 50 g de sucre et le sel. Fouettez ensuite les jaunes d'œufs avec le reste du sucre, jusqu'à ce que le mélange blanchisse fortement. Ajoutez alors le beurre, la farine et la levure. La pâte doit être épaisse.

3. Prélevez la moitié des blancs en neige et mélangez-les vigoureusement à la pâte afin de la détendre. Versez le reste des blancs et incorporez-les délicatement à la pâte.

4. Versez la pâte dans un moule à gâteau graissé et disposez par-dessus les quartiers de pamplemousse en rosace. Enfournez pour 35 min de cuisson. Le gâteau est cuit lorsque la pointe d'un couteau enfoncée à cœur en ressort humide mais propre.

5. Pendant ce temps, mélangez le jus de pamplemousse avec le sucre glace. Sortez le gâteau du four, badigeonnez-le de jus à l'aide d'un pinceau, puis laissez-le tiédir quelques minutes avant de le démouler. Laissez ensuite bien refroidir avant de servir tout en continuant à souvent l'humidifier de jus de pamplemousse.

Gâteau aux amandes et aux abricots

Pour 1 gâteau / 20 min de préparation / 35 min de cuisson

Ingrédients

500 g d'abricots
4 œufs
200 g de sucre en poudre
1 pincée de sel
200 g de beurre ramolli
175 g de farine
50 g de poudre d'amandes
½ sachet de levure chimique
2 cuil. à soupe d'amandes effilées

Matériel

Batteur électrique

1. Nettoyez et coupez les abricots en deux. Retirez les noyaux. Préchauffez le four à 190 °C (th. 6).

2. Séparez les blancs des jaunes d'œufs. À l'aide du batteur électrique, montez les blancs en neige avec 50 g de sucre et le sel. Fouettez ensuite les jaunes d'œufs avec le reste du sucre, jusqu'à ce que le mélange blanchisse fortement. Ajoutez alors le beurre, la farine, la poudre d'amandes puis la levure. La pâte doit être épaisse.

3. Prélevez la moitié des blancs en neige et mélangez-les vigoureusement à la pâte afin de la détendre. Versez le reste des blancs et incorporez-les délicatement à la pâte.

4. Versez la pâte dans un moule à gâteau graissé et disposez par-dessus les demi-abricots en rosace, côté bombé sur la pâte. Parsemez d'amandes effilées et enfournez pour 35 min de cuisson. Le gâteau est cuit lorsque la pointe d'un couteau enfoncée à cœur en ressort humide mais propre.

5. Sortez le gâteau du four et laissez-le tiédir quelques minutes avant de le démouler. Laissez ensuite bien refroidir avant de servir.

VARIANTES

Vous pouvez remplacer les abricots par des cerises, des mirabelles ou des prunes.

Gâteau aux figues

Pour 1 gâteau / 20 min de préparation / 35 min de cuisson

Ingrédients

400 g de figues noires
1 orange non traitée
4 œufs
100 g de sucre en poudre
1 pincée de sel
200 g de beurre ramolli
75 g de miel de lavande
200 g de farine
½ sachet de levure chimique
50 g de sucre glace

Matériel

Batteur électrique
Pinceau de cuisine

1. Lavez les figues et coupez leurs pédoncules. Coupez ensuite les fruits en quartiers. Nettoyez l'orange et râpez finement la peau afin d'en récupérer le zeste. Pressez ensuite l'orange. Préchauffez le four à 190 °C (th. 6).

2. Séparez les blancs des jaunes d'œufs. À l'aide du batteur électrique, montez les blancs en neige avec 50 g de sucre et le sel. Fouettez ensuite les jaunes d'œufs avec le reste du sucre, jusqu'à ce que le mélange blanchisse fortement. Ajoutez alors le beurre, le miel, le zeste d'orange, la farine puis la levure. La pâte doit être épaisse.

3. Prélevez la moitié des blancs en neige et mélangez-les vigoureusement à la pâte afin de la détendre. Versez le reste des blancs et incorporez-les délicatement à la pâte.

4. Versez la pâte dans un moule à gâteau graissé et disposez les figues en rosace. Enfournez pour 35 min de cuisson. Le gâteau est cuit lorsque la pointe d'un couteau enfoncée à cœur en ressort humide mais propre.

5. En cours de cuisson, mélangez dans une casserole le jus d'orange et le sucre glace. Portez à ébullition et laissez cuire 2 ou 3 min. Sortez le gâteau du four et badigeonnez-le de jus d'orange à l'aide d'un pinceau, puis laissez-le tiédir quelques minutes avant de le démouler. Arrosez-le alors à nouveau de jus d'orange. Laissez ensuite bien refroidir avant de servir.

CONSEILS

Vous pouvez ajouter dans la pâte un peu de cannelle en poudre.
Vous pouvez également parsemer le gâteau d'amandes effilées avant de l'enfourner.

Gâteau basque aux cerises

Pour 1 gâteau / 20 min de préparation / 1 h de réfrigération / 30 min de cuisson

Ingrédients

300 g de farine
150 g de cassonade
1 sachet de levure chimique
1 pincée de sel
1 œuf entier + 3 jaunes
150 g de beurre pommade
150 g de confiture de cerises noires

Matériel

Film alimentaire

1. Dans un saladier, mélangez la farine avec la cassonade, la levure et le sel. Ajoutez ensuite tous les œufs et mélangez. La pâte doit alors ressembler à du gros sable. Ajoutez enfin le beurre et mélangez à nouveau pour lier et homogénéiser le tout.

2. Divisez la pâte en deux pâtons (un gros et un petit), puis enroulez-les dans du film alimentaire avant de les laisser reposer 1 h au réfrigérateur. La pâte va alors durcir.

3. Préchauffez le four à 190 °C (th. 6). Graissez un moule à gâteau. Étalez au rouleau le plus gros pâton et garnissez-en le fond du moule en couvrant aussi les bords. Versez alors la confiture avant de la recouvrir du second pâton préalablement étalé. Soudez ensemble les deux pâtons en appuyant sur les bords.

4. Enfournez le gâteau pour 30 min de cuisson. La pâte doit être bien dorée. Sortez le gâteau du four et laissez-le refroidir avant de le démouler.

VARIANTE

Vous pouvez remplacer la confiture de cerises par de la crème pâtissière ou par d'autres confitures. Sachez cependant que la confiture de cerises est très traditionnelle au Pays basque.

Gâteau aux prunes

Pour 1 gâteau / 20 min de préparation / 35 min de cuisson

Ingrédients

400 g de prunes (type reine-claude) ou de quetsches
4 œufs
150 g de sucre en poudre
1 pincée de sel
200 g de beurre ramolli
225 g de farine
½ sachet de levure chimique
25 g de cassonade
1 cuil. à café de cannelle en poudre

Matériel

Batteur électrique

1. Préchauffez le four à 190 °C (th. 6). Nettoyez les prunes et coupez-les en deux. Retirez les noyaux.

2. Séparez les blancs des jaunes d'œufs. À l'aide du batteur électrique, montez les blancs en neige avec 50 g de sucre et le sel. Fouettez ensuite les jaunes d'œufs avec le reste du sucre, jusqu'à ce que le mélange blanchisse fortement. Ajoutez alors le beurre, la farine et la levure. La pâte doit être épaisse.

3. Prélevez la moitié des blancs en neige et mélangez-les vigoureusement à la pâte afin de la détendre. Versez le reste des blancs et incorporez-les délicatement à la pâte.

4. Versez la pâte dans un moule à gâteau graissé. Disposez par-dessus les demi-prunes en rosace, côté bombé sur la pâte. Mélangez dans un petit bol la cassonade et la cannelle, puis saupoudrez-en les fruits. Enfournez pour 35 min de cuisson. Le gâteau est cuit lorsque la pointe d'un couteau enfoncée à cœur en ressort humide mais propre.

5. Sortez le gâteau du four et laissez-le tiédir quelques minutes avant de le démouler. Laissez ensuite bien refroidir avant de servir.

VARIANTE

Avec cette même recette, vous pouvez préparer un gâteau renversé. Augmentez la quantité de cassonade de 50 g pour faire un caramel, que vous verserez dans le fond du moule. Ajoutez les prunes, puis la pâte à gâteau, mais sans levure.

Cake marbré citron et thé vert

Pour 1 marbré de 6 à 8 personnes / 20 min de préparation / 35 min de cuisson

Ingrédients

1 citron
150 g de beurre
180 g de farine
½ sachet de levure chimique
3 œufs
180 g de sucre
Colorant jaune (facultatif)
1 cuil. à soupe de thé vert Matcha
1 pincée de sel

Matériel

Batteur
Moule à cake
Papier cuisson

1. Préchauffez le four à 180 °C (th. 6). Lavez, zestez et prélevez le jus du citron. Faites fondre le beurre dans une casserole à feu doux. Réservez. Tamisez la farine et la levure dans un bol. Cassez les œufs en séparant les blancs des jaunes. Montez les blancs en neige bien ferme avec le sel.

2. Dans un saladier, mélangez au fouet le beurre fondu avec le sucre puis ajoutez les jaunes d'œufs ; versez en pluie le mélange farine-levure. Mélangez bien le tout. Incorporez les blancs montés en neige, en tournant doucement dans le même sens.

3. Divisez la pâte en 2 parts égales : dans l'une, incorporez le jus et les zestes du citron ainsi que le colorant jaune et dans l'autre le thé Matcha. Mélangez bien les deux parfums.

4. Versez les pâtes en les alternant dans le moule tapissé de papier cuisson jusqu'à épuisement des préparations. Enfournez pour 30 à 35 min. La pointe d'un couteau doit ressortir sèche.

5. Laissez refroidir avant de déguster.

VARIANTE

Le citron se marie très bien avec la pistache, n'hésitez donc pas à remplacer le thé vert par de la pâte de pistache.

Thé vert japon
MATCHA UJI NO

Quatre-quarts aux quetsches et aux raisins

Pour 1 quatre-quarts de 6 à 8 personnes / 25 min de préparation / 30 min de cuisson

Ingrédients

150 g de quetsches
1 grappe de raisin
200 g de farine
2 cuil. à café de levure
4 œufs de calibre moyen
200 g de beurre mou
200 g de sucre en poudre
1 pincée de sel

Matériel

Moule à cake
Papier cuisson

1. Préchauffez le four à 180 °C (th. 6). Lavez les quetsches puis coupez-les en petits dés. Lavez et coupez les grains de raisin en deux puis ôtez les pépins.

2. Tamisez la farine avec la levure et le sel dans un bol. Dans un saladier, fouettez le beurre avec le sucre jusqu'à ce que le mélange soit crémeux. Ajoutez les œufs un par un tout en mélangeant après chaque ajout. Versez en pluie le mélange farine-levure tout en remuant. Incorporez délicatement les prunes et le raisin puis mélangez.

3. Versez la préparation dans le moule tapissé de papier cuisson Enfournez pour 30 min. Vérifiez la cuisson avec la pointe d'un couteau : elle doit ressortir sèche.

4. Laissez bien refroidir avant de servir.

Quatre-quarts aux clémentines et pain d'épice

Pour 1 quatre-quarts de 6 à 8 personnes / 25 min de préparation / 30 min de cuisson

Ingrédients

3 clémentines
200 g de farine
2 cuil. à café de levure
1 cuil. à café de poudre de pain d'épice
200 g de beurre mou
100 g de sucre en poudre
100 g de sucre roux
4 œufs de calibre moyen
1 pincée de sel

Matériel

Moule à cake
Papier cuisson

1. Préchauffez le four à 180 °C (th. 6). Lavez, zestez et pressez les 3 clémentines. Réservez le jus et les zestes.

2. Dans un bol, tamisez la farine avec la levure, la poudre de pain d'épice et le sel. Dans un saladier, fouettez le beurre avec les sucres jusqu'à ce que le mélange soit crémeux. Ajoutez les œufs un par un tout en mélangeant après chaque ajout. Incorporez les zestes et le jus des clémentines puis remuez bien la pâte. Versez en pluie le mélange de farine tout en mélangeant.

3. Versez la pâte dans le moule tapissé de papier cuisson puis enfournez pour 30 min. Vérifiez la cuisson avec la pointe d'un couteau : elle doit ressortir sèche.

4. Laissez bien refroidir avant de déguster.

VARIANTES

Vous pouvez également varier les agrumes qui se marient très bien avec la poudre de pain d'épice : orange, pamplemousse, etc.

Roulé spéculoos et clémentine

Pour 4 à 6 personnes / 30 min de préparation / 8 min de cuisson / 2 h de repos

Ingrédients

6 œufs
40 g de sucre en poudre
80 g de farine
50 g de spéculoos réduits en poudre
1 cuil. à café de cannelle
1 pincée de sel

Pour le clémentine curd

8 clémentines
20 g de Maïzena
60 g de sucre en poudre
2 jaunes d'œufs

Matériel

Batteur
Plaque
Papier cuisson
Film alimentaire

1. Préparez le clémentine curd : lavez et prélevez les zestes d'une clémentine et pressez les 8 clémentines. Versez le jus et les zestes dans une casserole. Délayez le sucre en poudre, la Maïzena et les jaunes d'œufs légèrement battus. Mélangez bien à l'aide d'un fouet. Faites chauffer à feu doux sans cesser de remuer jusqu'à ce que le mélange épaississe. Couvrez au contact avec du film alimentaire et placez 2 h au frais.

2. Préchauffez le four à 180 °C (th. 6). Cassez les œufs en séparant les blancs des jaunes. Dans un saladier, fouettez vivement les jaunes d'œufs avec la moitié du sucre en poudre. Dans un autre bol, montez les blancs en neige avec le sel en versant petit à petit le reste de sucre. Incorporez délicatement les blancs aux jaunes. Dans un bol, mélangez la farine avec la poudre de spéculoos et la cannelle et versez le tout en pluie en soulevant délicatement la préparation.

3. Étalez la pâte de façon homogène sur 1 cm d'épaisseur sur la plaque tapissée de papier cuisson. Enfournez pour 8 min.

4. Déposez le biscuit et enroulez-le dans un torchon propre. Laissez-le refroidir avant de l'utiliser.

5. Déroulez-le et étalez la crème à la clémentine à l'aide d'une spatule. En vous aidant du torchon, enroulez à nouveau le biscuit. Coupez-le en tranches puis servez-le aussitôt.

Roulé au lemon curd meringué

Pour 4 personnes / 20 min de préparation / 8 min de cuisson / 2 h de repos

Ingrédients
20 g de farine
20 g de Maïzena
3 œufs
40 g de sucre

Pour la meringue française
4 blancs d'œufs
250 g de sucre glace
1 pincée de sel

Pour le lemon curd
3 citrons soit 15 cl de jus de citron
2 jaunes d'œufs
100 g de sucre en poudre
15 g de Maïzena

Matériel
Batteur
Papier cuisson
Plaque
Tamis
Poche à douille

1. Pour le lemon curd : pressez les citrons puis râpez finement le zeste de l'un d'eux. Versez dans une casserole. Dans un bol, battez les jaunes d'œufs puis versez le sucre et la Maïzena. Versez dans la casserole puis faites chauffer à feu doux sans faire bouillir en remuant. Dès que la crème commence à épaissir, stoppez la cuisson. Versez la crème au travers du tamis afin d'enlever les zestes. Réservez 2 h au frais.

2. Préchauffez le four à 180 °C (th. 6). Tamisez la farine avec la Maïzena. Cassez 2 œufs et séparez les blancs des jaunes. Réservez les blancs dans un saladier. Dans un bol, fouettez les jaunes et l'œuf entier restant avec la moitié du sucre. Montez les blancs en neige en versant le reste de sucre tout en fouettant. Incorporez-les aux jaunes en soulevant délicatement la préparation avec une spatule. Versez enfin les farines en pluie.

3. Tapissez la plaque de papier cuisson puis versez la préparation de façon homogène sur 1 cm d'épaisseur. Enfournez pour 8 min.

4. Déposez le biscuit et enroulez-le dans un torchon propre. Laissez-le refroidir avant de l'utiliser. Déroulez-le et étalez la crème au citron à l'aide d'une spatule. En vous aidant du torchon, enroulez à nouveau le biscuit.

5. Pour la meringue : Dans un saladier, fouettez les blanc d'œufs à petite vitesse avec le quart de sucre glace et de sel. Passez à vitesse moyenne, et lorsque les blancs commencent à monter, ajoutez petit à petit le sucre glace restant tout en fouettant jusqu'à ce que les blancs deviennent très fermes. Dressez la meringue sans attendre à l'aide d'une poche à douille.

6. Décorez le dessus du roulé à l'aide d'une spatule. Passez quelques minutes sous le gril du four et servez aussitôt.

Le roulé façon tartelette aux framboises

Pour 4 à 6 personnes / 25 min de préparation / 8 min de cuisson / 2 h de repos

Ingrédients
3 œufs
50 g de sucre
40 g de farine

Pour la crème pâtissière à la vanille
1 gousse de vanille
30 cl de lait
25 g de Maïzena
3 jaunes d'œufs
80 g de sucre

Pour la garniture
400 g de framboises
10 biscuits type petits-beurre
Sucre glace

Matériel
Batteur
Papier cuisson
Film alimentaire
Plaque à pâtisserie

1. Préchauffez le four à 180 °C (th. 6). Cassez 2 œufs et séparez les blancs des jaunes. Réservez les blancs dans un saladier. Dans un bol, fouettez les 2 jaunes et l'œuf entier avec la moitié du sucre. Montez les 2 blancs en neige en versant le reste de sucre et en fouettant. Incorporez-les aux jaunes en soulevant délicatement la préparation avec une spatule. Versez la farine en pluie.

2. Étalez la pâte de façon homogène sur 1 cm d'épaisseur sur la plaque tapissée de papier cuisson. Enfournez pour 8 min.

3. Déposez le biscuit et enroulez-le dans un torchon propre. Laissez-le refroidir avant de l'utiliser.

4. Préparez la crème pâtissière : ouvrez la gousse de vanille en deux et grattez les graines. Dans une casserole, mélangez le lait avec les graines de vanille et la Maïzena puis portez à ébullition. Dans un saladier, battez les jaunes d'œufs avec le sucre. Versez le lait bouillant sur les jaunes toujours en fouettant. Remettez le tout dans la casserole et faites cuire à feu doux sans faire bouillir. Ôtez du feu dès que la crème commence à épaissir. Filmez au contact et placez 2 h au frais.

5. Émiettez finement les biscuits dans un bol. Garnissez l'intérieur du biscuit des trois quarts de crème pâtissière et roulez-le délicatement. Étalez encore un peu de crème sur le dessus du biscuit. Versez les miettes de biscuits sur une feuille de papier cuisson puis roulez le gâteau dans les miettes de biscuits. Découpez des tranches de 5 cm et disposez-les à plat sur une assiette. Étalez un peu de crème pâtissière restante, déposez quelques framboises puis saupoudrez d'un peu de sucre glace. Réservez au frais jusqu'au moment de servir.

Bavarois aux fraises

Pour 8 à 10 personnes / 45 min de préparation / 10-12 min de cuisson / 5 h de repos

Ingrédients

Pour la génoise

2 œufs
50 g de sucre
50 g de farine

Pour le bavarois

3 feuilles de gélatine
300 g de fraises
60 g de sucre en poudre
30 cl de crème liquide à 30 % de matière grasse minimum

Pour le décor

200 g de fraises
25 g de sucre en poudre
2 feuilles de gélatine

Matériel

Mixeur
Batteur
Cercle à pâtisserie
Papier sulfurisé

1. Préparez la génoise : fouettez les œufs entiers avec le sucre pendant 10 min, jusqu'à ce que la préparation triple de volume. Incorporez délicatement la farine en remuant à l'aide d'une spatule souple pour ne pas casser la mousse.

2. Préchauffez le four à 180 °C (th. 6). Étalez la pâte sur la plaque du four recouverte de papier sulfurisé en formant un rond de la taille de votre cercle à pâtisserie (environ 25 cm de diamètre). Enfournez la génoise pour 10 à 12 min de cuisson, jusqu'à ce qu'elle soit dorée. Laissez refroidir.

3. Préparez le bavarois : faites ramollir les feuilles de gélatine dans un bol d'eau froide pendant 10 min. Rincez et équeutez les fraises. Mixez-les avec le sucre. Faites tiédir la moitié du coulis obtenu et incorporez les feuilles de gélatine essorées. Remuez. Mélangez l'autre moitié du coulis. Montez la crème liquide bien froide en chantilly et incorporez délicatement le coulis, sans casser la mousse. Laissez-la reposer 1 h au frais.

4. Déposez le cercle à pâtisserie sur une assiette ronde. Glissez la génoise à l'intérieur et versez le bavarois par-dessus. Laissez prendre au frais 3 h (ou 1 h au congélateur).

5. Rincez et équeutez les fraises. Mixez-les avec le sucre. Faites ramollir les feuilles de gélatine dans un bol d'eau froide. Versez le coulis dans une casserole et faites tiédir. Incorporez les feuilles de gélatine essorées et remuez. Versez la préparation sur le bavarois et lissez bien. Laissez reposer à nouveau pendant 1 h au frais, le temps que le décor durcisse.

6. Démoulez le bavarois en faisant glisser le cercle délicatement.

Charlotte aux fraises

Pour 6 personnes / 25 min de préparation / 4 h de repos

550 g de fraises
2 feuilles de gélatine
200 g de fromage blanc
60 g de sucre en poudre
15 cl de crème liquide
30-40 boudoirs
1 verre de jus de raisin
Copeaux de chocolat

Matériel

Moule à charlotte
Mixeur
Batteur
Film alimentaire

1. Nettoyez les fraises et coupez-les en morceaux. Gardez-en 2-3 pour la décoration. Mixez une partie des fraises (environ 60 g). Faites ramollir la gélatine dans de l'eau froide pendant quelques minutes.

2. Dans un saladier, mélangez la purée de fraises avec le fromage blanc. Prélevez-en une partie, versez-la dans une casserole, et faites fondre la gélatine sur feu doux pendant 2 min. Versez à nouveau tout le contenu dans le saladier. Ajoutez le sucre et mélangez.

3. Montez la crème liquide bien froide en chantilly. Versez la dans le saladier et mélangez délicatement. Ajoutez tous les morceaux de fraises restants.

4. Trempez rapidement les boudoirs dans le jus de raisin. Disposez une couche au fond du moule et tout autour des parois. Versez la mousse à la fraise. Terminez par une nouvelle couche de boudoirs sur le dessus. Filmez le dessus de la charlotte et posez un poids pardessus, pour bien la tasser.

5. Laissez reposer 4 h au frais avant de démouler. Retournez délicatement le moule sur une assiette.

6. Décorez la charlotte de copeaux de chocolat et de morceaux de fraises.

Clafoutis aux cerises

Pour 1 grand clafoutis / 15 min de préparation / 45 min de cuisson / 1 nuit de réfrigération

Ingrédients

1 kg de cerises
1 gousse de vanille
200 g de sucre en poudre
25 g de beurre pour le moule
8 œufs
50 cl de lait entier
200 g de farine
1 pincée de sel

1. Préchauffez le four à 190 °C (th. 6). Nettoyez puis équeutez les cerises. Essorez-les rapidement dans un chiffon. Fendez la gousse de vanille dans la longueur et grattez l'intérieur avec la pointe d'un couteau pour récupérer les petites graines noires qu'elle contient. Mélangez-les avec le sucre.

2. Beurrez un grand moule à gâteau et saupoudrez tout l'intérieur d'un peu de sucre. Déposez-y ensuite les cerises.

3. Dans un grand saladier, fouettez vigoureusement les œufs avec le sucre. Versez alors le lait, puis ajoutez la farine et le sel. Mélangez bien en vous assurant qu'il n'y a aucun grumeau.

4. Versez la pâte sur les cerises et enfournez pour 45 min de cuisson. Le clafoutis doit dorer et gonfler. Il est cuit lorsque la pointe d'un couteau enfoncée à cœur en ressort humide mais propre. Sortez ensuite le clafoutis du four et laissez-le reposer une nuit au réfrigérateur. Servez bien frais.

CONSEIL

Il est essentiel de bien laisser reposer le clafoutis afin que les goûts des différents ingrédients s'harmonisent. Par ailleurs, le flan, lorsqu'il est tiède, a tendance à être écœurant.

Far breton

Pour 1 far / 15 min de préparation / 45 min de cuisson / 1 nuit de réfrigération

Ingrédients

25 g de beurre pour le moule
250 g de sucre en poudre + pour le moule
8 œufs
1 l de lait frais entier
250 g de farine
1 pincée de sel
10 cl de rhum blanc
200 g de pruneaux dénoyautés

1. Préchauffez le four à 190 °C (th. 6). Beurrez un grand moule à gâteau et saupoudrez l'intérieur d'un peu de sucre en poudre.

2. Dans un grand saladier, fouettez vigoureusement les œufs avec le sucre. Versez ensuite le lait, puis la farine et le sel. Mélangez jusqu'à obtention d'une préparation homogène, sans grumeau. Ajoutez alors le rhum et les pruneaux.

3. Versez la pâte dans le moule beurré et enfournez pour 45 min de cuisson. Le far doit dorer et gonfler. Il est cuit lorsque la pointe d'un couteau enfoncée à cœur en ressort humide mais propre. Sortez le far du four et laissez-le reposer une nuit au réfrigérateur. Servez bien frais.

CONSEILS

Le rhum est facultatif, mais sachez qu'il apporte à ce far un goût délicieux. De plus, l'alcool s'évapore à la cuisson. Vous pouvez ajouter à la pâte les graines d'une gousse de vanille.

2. Desserts d'ailleurs

Sachertorte

Pour 6-8 personnes / 40 min de préparation / 35 min de cuisson / 1 h de repos environ

Ingrédients

6 œufs
120 g de chocolat noir
120 g de beurre mou (+ pour le moule)
40 g de sucre glace
160 g de sucre en poudre
120 g de farine (+ pour le moule)

Pour le glaçage

12 cl de lait
10 cl de crème liquide entière
6 cl d'eau
30 g de sucre en poudre
380 g de chocolat noir
40 g de beurre

Pour le fourrage

1 pot de confiture d'abricots

1. Préchauffez le four 180 °C (th. 6). Préparez la pâte. Séparez les blancs des jaunes d'œufs. Faites fondre le chocolat au bain-marie. Pendant ce temps, battez le beurre mou avec le sucre glace pendant 2 ou 3 min. Ajoutez ensuite les jaunes d'œufs un à un, en mélangeant bien.

2. À l'aide du batteur électrique, montez les blancs d'œufs en neige ferme, puis ajoutez le sucre en poudre et battez encore 2 ou 3 min. Ajoutez le chocolat au mélange beurre, sucre et jaunes d'œufs, puis incorporez délicatement les blancs en neige et la farine tamisée. Versez la pâte dans le moule à génoise préalablement beurré et fariné. Enfournez pour environ 35 min de cuisson, puis démoulez et posez sur une grille. Laissez ainsi refroidir.

3. Préparez le glaçage, dans une casserole portez à ébullition le lait, la crème liquide, l'eau et le sucre en poudre. Mélangez bien au fouet, puis sortez du feu dès l'ébullition. Hachez ou râpez le chocolat noir. Ajoutez-le d'un seul coup dans la crème brûlante avec le beurre. Mélangez bien au fouet afin de faire fondre le chocolat et le beurre. Mélangez quelques instants à l'aide d'un mixeur plongeant. Attention : ne mixez pas en surface pour ne pas injecter de bulles d'air dans le glaçage. Laissez refroidir le glaçage et mettez-le de côté.

4. Faites légèrement tiédir la confiture dans une casserole, en mélangeant. Coupez le gâteau en deux dans l'épaisseur. Tartinez une des moitiés de confiture et reposez l'autre moitié par-dessus pour reconstituer le gâteau. Posez-le sur une grille, au-dessus d'un récipient.

5. Avec une petite louche, recouvrez de glaçage le gâteau posé sur une grille. Laissez le glaçage se solidifier 1 h en plaçant le gâteau au réfrigérateur. Servez éventuellement avec une belle crème Chantilly.

250

Tiramisu classique

Pour 4 personnes / 20 min de préparation / 6 h de réfrigération

Ingrédients
160 g de sucre
4 œufs
1 gousse de vanille
400 g de mascarpone
Le jus de 2 citrons
1 grande tasse de café fort
2 cuil. à soupe de rhum
20 biscuits à la cuiller
1 grosse cuil. à soupe de cacao

Matériel
Batteur électrique

1. Fouettez le sucre avec les jaunes d'œufs et les graines de la gousse de vanille dans un grand bol jusqu'à ce que le mélange blanchisse.

2. Mélangez le mascarpone avec le jus de citron dans un autre récipient puis ajoutez-les au mélange précédent.

3. Montez les blancs en neige bien ferme, mélangez-les délicatement à la préparation avec une spatule en bois.

4. Mélangez le café froid et le rhum. Trempez rapidement la moitié des biscuits dedans, tapissez le fond d'un plat avec ces biscuits.

5. Versez la moitié de la préparation sur les biscuits. Imbibez de café l'autre moitié de biscuits, disposez-les dans le plat puis versez le reste de la préparation.

6. Lissez la surface, poudrez de cacao et réservez au moins 6 h au frais avant de déguster.

CONSEIL

Vous pouvez également réaliser ce tiramisu dans une terrine et le démouler afin de le servir en tranches. Dans ce cas, ajoutez 2 feuilles de gélatine préalablement ramollies dans l'eau froide, dans le jus de citron chauffé à feu doux.

Panettone façon pain perdu

Pour 4 personnes / 10 min de préparation / 8 min de cuisson

Ingrédients

4 grandes tranches de panettone
2 œufs
60 g de sucre
25 cl de lait
1 cuil. à soupe d'extrait d'amande amère
60 g de beurre
50 cl de glace rhum raisins

1. Battez les œufs dans un grand plat creux avec le sucre. Ajoutez le lait et l'extrait d'amande, mélangez. Mettez les tranches de panettone à tremper dans la préparation, laissez-les s'imbiber 1 min de chaque côté.

2. Faites chauffer le beurre dans une grande poêle. Lorsqu'il devient mousseux, mettez les tranches de panettone à cuire 3 à 4 min de chaque côté, à feu moyen.

3. Mettez les tranches de panettone dans les assiettes et servez aussitôt avec une grosse quenelle de glace rhum raisins.

CONSEIL

Ce gâteau est à déguster tiède de préférence.

Gâteau de polenta aux raisins secs

Pour 4-6 personnes / 20 min de préparation / 50 min de cuisson

Ingrédients
130 g de polenta
120 g de raisins secs bruns
10 cl de liqueur d'amaretto
220 g de sucre
75 cl de lait
2 œufs

1. Faites tremper les raisins secs dans un bol avec la liqueur. Faites cuire 70 g de sucre dans une casserole pour obtenir un caramel légèrement brun. Versez ce caramel dans un moule à charlotte en l'étalant bien sur les bords, laissez refroidir.

2. Préchauffez le four à 160 °C (th. 5). Mettez le lait à bouillir dans une casserole. Versez la polenta en pluie dans le lait bouillant, laissez cuire 5 min à feu moyen en remuant avec une spatule en bois. Hors du feu, ajoutez les raisins et la liqueur, le reste du sucre puis les jaunes d'œufs, mélangez, laissez tiédir.

3. Montez les blancs d'œufs en neige bien ferme. Incorporez-les délicatement à la semoule. Versez la semoule dans le moule à charlotte, lissez la surface avec une cuillère. Mettez le gâteau à cuire 35 à 40 min au four au bain-marie, puis sortez-le du four et laissez-le tiédir avant de le démouler.

Cheesecake nature comme à New York

Pour 6 personnes / 15 min de préparation / 40 min de cuisson / 4 h de repos

Ingrédients

Pour la base

200 g de pâte sablée cuite
75 g de beurre

Pour la garniture

600 g de fromage frais
2 œufs + 2 jaunes
10 cl de crème liquide
150 g de sucre

Matériel

Moule à charnière

1. Préchauffez le four à 190 °C (th. 6). Préparez la base : mixez la pâte sablée et le beurre jusqu'à obtenir un sable homogène. Tapissez-en le moule sur une épaisseur de 1 cm.

2. Dans un saladier, mélangez le fromage avec les œufs. Ajoutez la crème et le sucre. Versez dans le moule. Enfournez pour 40 min. Le dessus du cheesecake doit dorer et gonfler. Laissez refroidir 4 h.

Cheesecake à l'eau de rose et aux framboises

Pour 6 personnes / 15 min de préparation / 40 min de cuisson / 4 h de repos

Ingrédients

Pour la base

200 g de pâte sablée cuite
75 g de beurre
1 gousse de vanille

Pour la garniture

600 g de fromage frais
2 œufs + 2 jaunes
10 cl de crème liquide
75 g de miel de fleurs
2 cuil. à soupe d'eau de rose
75 g de sucre
100 g de framboises surgelées

Matériel

Moule à charnière

1. Préchauffez le four à 190 °C (th. 6). Préparez la base : coupez la gousse de vanille en deux afin de retirer les graines. Mixez la pâte sablée, le beurre et la vanille jusqu'à ce que vous obteniez un sable homogène. Tapissez le moule de cette poudre sur une épaisseur de 1 cm.

2. Dans un saladier, mélangez le fromage frais avec les œufs. Ajoutez la crème, le miel, l'eau de rose et le sucre. Versez la garniture et les framboises dans le moule. Enfournez pour 40 min.

3. Sortez du four et laissez refroidir 4 h avant de démouler et de servir.

Cheesecake mangue et spéculoos, coulis passion

Pour 4 à 6 personnes / 25 min de préparation / 1 h de cuisson / 5 h de réfrigération

Ingrédients
200 g de spéculoos
80 g de beurre
500 g de fromage frais
360 g de fromage blanc
200 g de sucre en poudre
4 œufs
300 g de mangue

Pour le coulis passion
5 fruits de la Passion
1 cuil. à soupe de sucre
8 cuil. à soupe d'eau

Matériel
Moule à charnière de 20 cm de diamètre
Papier cuisson

1. Préparez la base biscuitée : tapissez le fond du moule de papier cuisson. Émiettez les spéculoos dans un saladier, ajoutez le beurre fondu et mélangez bien. Tassez ce mélange au fond du moule à l'aide d'un verre. Placez au réfrigérateur le temps de préparer la garniture.

2. Préchauffez le four à 180 °C (th.6). Dans un saladier, mélangez le fromage frais avec le fromage blanc et le sucre. Ajoutez les œufs un par un tout en mélangeant. Pelez la mangue, mixez la chair puis incorporez-la au mélange. Versez le tout sur la base biscuitée, égalisez la surface puis enfournez pour 50 min.

3. Laissez refroidir le cheesecake dans le four éteint afin qu'il évite de craqueler. Placez-le ensuite au frais quelques heures.

4. Préparez le coulis passion : ouvrez les fruits de la Passion, extrayez le contenu et faites bouillir quelques minutes avec le sucre et l'eau jusqu'à ce que le mélange ait une consistance assez épaisse. Recouvrez le cheesecake de coulis juste avant de le servir.

Tarte aux noix de pécan

Pour une tarte de 8 personnes / 20 min de préparation / 1 h de réfrigération / 50 min à 1 h de cuisson

Ingrédients

Pour la pâte sablée

80 g de sucre glace
100 g de beurre
225 g de farine
1 œuf

Pour la garniture

24 cl de miel
60 g de beurre non salé
3 œufs
100 g de sucre roux
6 cl de crème fraîche épaisse
200 g de noix de pécan
¼ cuil. à café de sel
Crème fouettée

Matériel

Moule à tarte

1. Dans un saladier, fouettez le sucre glace avec le beurre jusqu'à obtenir un mélange crémeux.

2. Étalez la farine sur un plan de travail, creusez un puits puis ajoutez le mélange beurre-sucre. Malaxez du bout des doigts. Ajoutez l'œuf légèrement battu puis continuez à mélanger jusqu'à obtenir une belle boule de pâte homogène. Placez 1 h au frais.

3. Préchauffez le four à 180 °C (th. 6). Étalez la pâte finement au rouleau puis déposez le disque de pâte dans le moule à tarte. Piquez le fond avec une fourchette et replacez au frais.

4. Faites fondre le beurre avec le miel à feu doux dans une casserole. Dans un saladier, fouettez les œufs avec le sucre, le sel et la crème. Ajoutez le mélange beurre fondu et miel.

5. Répartissez les noix de pécan coupées en deux sur l'ensemble du fond de tarte puis versez la préparation par-dessus.

6. Enfournez 50 min à 1 h. Vérifiez la cuisson avec la pointe d'un couteau, elle doit ressortir sèche. Laissez bien refroidir puis servez avec de la crème fouettée.

Carrot cake

Pour 10 personnes / 15 min de préparation / 30 min de cuisson

Ingrédients

450 g de carottes
100 g de noix de pécan
280 g de farine
1 cuil. à café de bicarbonate de soude
1 cuil. à café de cannelle
¼ de cuil. à café de noix muscade
240 g de beurre non salé
300 g de sucre roux
4 œufs
10 cl d'eau
2 cuil. à café d'arôme vanille
¼ de cuil. à café de sel

Pour le glaçage

250 g de fromage frais (type Philadelphia)
50 g de sucre glace
1 cuil. à café d'arôme vanille
60 g de beurre

Matériel

Moule à cake

1. Préchauffez le four à 180 °C (th. 6). Râpez les carottes et hachez finement les noix de pécan.

2. Dans un bol, tamisez la farine avec le bicarbonate de soude, la cannelle, la noix muscade et le sel. Dans un saladier, battez le beurre avec le sucre jusqu'à ce que le mélange soit crémeux.

3. Ajoutez les œufs un par un tout en mélangeant à chaque fois. Battez pendant 2 min. Versez l'eau, l'arôme vanille et les carottes râpées tout en mélangeant.

4. Incorporez le mélange de farine et d'épices en trois fois tout en remuant, puis ajoutez les noix de pécan.

5. Versez la préparation dans le moule à cake puis enfournez pour 30 min. Laissez refroidir sur une grille.

6. Dans un bol, battez le fromage frais avec le sucre glace et la vanille pendant 2 min. Ajoutez progressivement le beurre coupé en morceaux puis fouettez vivement jusqu'à ce qu'il soit bien mélangé.

7. Étalez le glaçage sur le dessus du cake puis réservez au frais jusqu'au moment de servir.

Banoffee pie

Pour 1 tarte de 6 à 8 personnes / 45 min de préparation / 1 h de réfrigération / 15 min de congélation / 2 h + 25 min de cuisson

Ingrédients
3 bananes
Cacao en poudre

Pour la confiture de lait
1 l de lait entier
350 g de sucre semoule
½ cuil. à café de bicarbonate de soude
1 cuil. à café d'arôme vanille

Pour la pâte à tarte
80 g de sucre glace
100 g de beurre
225 g de farine
1 œuf

Pour la crème fouettée
30 cl de crème liquide entière
30 g de sucre glace

Matériel
Moule à tarte

1. Préparez la confiture de lait. Faites bouillir le lait avec le sucre, l'arôme vanille et le bicarbonate de soude. Poursuivez la cuisson sur feu moyen en remuant constamment pendant 10 min.

2. Laissez cuire à feu doux pendant 2 h en remuant de temps en temps. La préparation est à point lorsque le mélange est devenu couleur ambre et qu'il a une consistance de confiture. Réservez au frais.

3. Préparez la pâte à tarte. Dans un saladier, fouettez le sucre glace avec le beurre jusqu'à obtenir un mélange crémeux. Étalez la farine sur un plan de travail, creusez un puits puis ajoutez le mélange beurre-sucre. Malaxez du bout des doigts. Ajoutez l'œuf légèrement battu puis continuez de mélanger jusqu'à obtenir une belle boule de pâte homogène. Placez 1 h au frais.

4. Préchauffez le four à 180 °C (th 6). Étalez la pâte finement au rouleau puis déposez-la dans le moule à tarte. Piquez le fond avec une fourchette et faites cuire 20 à 25 min. Laissez bien refroidir.

5. Placez un bol et la crème liquide au congélateur 15 min. Battez le sucre glace et la crème jusqu'à ce qu'elle soit ferme et qu'elle forme des pics.

6. Étalez une couche de confiture de lait sur le fond de tarte refroidi. Coupez les bananes en rondelles puis disposez-les sur la confiture de lait. Versez la chantilly sur les bananes. Réservez au frais jusqu'au moment de servir.

7. Saupoudrez la tarte de cacao et versez un mince filet de confiture de lait en faisant un va-et-vient avec une cuillère à café.

White cake

Pour 4 personnes / 45 min de préparation / 35 à 40 min de cuisson / 3 h de repos

Ingrédients

170 g de beurre à température ambiante
340 g de sucre
1 sachet de levure
2 cuil. à café d'arôme vanille
220 g de farine
23,5 cl de lait à température ambiante
5 blancs d'œufs
1 pincée de sel

Pour la garniture

250 g de fraises + 200 g pour la décoration
25 cl de crème fleurette bien froide
30 g de sucre glace
1 cuil. à soupe d'amandes grillées hachées

Matériel

Batteur électrique
Moule à charnière

1. Préchauffez le four à 160 °C (th. 5-6). Battez au fouet électrique le beurre pour l'assouplir et l'aérer puis versez petit à petit le sucre tout en continuant de battre. Le mélange doit blanchir. Ajoutez la levure et l'arôme vanille. Réduisez la vitesse du batteur puis versez la farine progressivement en alternant avec le lait.

2. À l'aide du batteur, montez les blancs d'œufs en neige avec le sel. Prélevez un tiers des blancs montés et mélangez-les à la préparation à base de beurre et de farine afin d'assouplir la pâte puis ajoutez en deux fois le reste des blancs. Mélangez délicatement en soulevant la pâte.

3. Beurrez et farinez le moule puis versez la pâte. Enfournez 35 à 40 min. Testez la cuisson en plantant un couteau, la lame doit ressortir propre. Laissez tiédir le gâteau, puis démoulez-le et déposez-le sur une grille afin qu'il refroidisse.

4. Lavez, équeutez et coupez toutes les fraises en quatre. Fouettez au batteur la crème fleurette en chantilly. Lorsqu'elle est montée aux trois quarts, versez le sucre glace puis continuez de battre tout en augmentant la vitesse pour obtenir une chantilly bien ferme.

5. Coupez le gâteau en deux dans l'épaisseur. Nappez les deux faces intérieures de chantilly puis recouvrez de fraises. Refermez le gâteau puis recouvrez toute la surface de chantilly. Placez au frais 3 h.

6. Décorez le dessus du gâteau avec le reste des fraises et les amandes grillées. Dégustez sans tarder.

Pastilla au lait et aux amandes

Pour 6 personnes / 30 min de préparation / 30 min de cuisson

Ingrédients

250 g d'amandes mondées
200 g de sucre en poudre
1 cuil. à soupe de cannelle en poudre
50 cl de lait
1 œuf entier
+ 4 jaunes d'œufs
50 g de Maïzena®
1 cuil. à soupe d'eau de fleur d'oranger
70 g de beurre
50 cl d'huile de tournesol
12 feuilles de brick
Sucre glace

Matériel

Papier sulfurisé

1. Préchauffez le four à 200 °C (th. 6-7). Étalez les amandes sur une plaque de cuisson et faites-les dorer au four pendant 15 min en les retournant régulièrement. Laissez-les refroidir avant de les concasser grossièrement. Ajoutez la moitié du sucre et la cannelle. Mélangez.

2. Portez le lait à ébullition dans une casserole. Pendant ce temps, fouettez dans un bol l'œuf entier et les jaunes avec le sucre restant, jusqu'à ce que le mélange blanchisse. Incorporez alors la Maïzena®. Versez dessus le lait bouillant et mélangez à l'aide du fouet. Reversez la préparation dans la casserole et faites-la bouillir pendant 3 min. Hors du feu, incorporez à la crème l'eau de fleur d'oranger et le beurre. Laissez tiédir cette crème.

3. Dans une grande poêle, faites chauffer l'huile de tournesol. Faites-y dorer les feuilles de brick deux par deux, jusqu'à ce qu'elles soient croustillantes, puis posez-les sur du papier absorbant.

4. Réduisez la température du four 100 °C (th. 3-4). Étalez deux feuilles de brick sur une plaque de cuisson tapissée d'une feuille de papier sulfurisé. Garnissez-les d'un peu de crème et parsemez d'amandes. Recouvrez avec deux autres feuilles de brick et renouvelez l'opération jusqu'à épuisement des ingrédients, en finissant par deux feuilles de brick. Enfournez pour 10 min de cuisson. Saupoudrez d'un peu de sucre glace au sortir du four et dégustez.

Gâteau aux dattes

Pour 6 personnes / 15 min de préparation / 25-30 min de cuisson

Ingrédients

150 g de dattes
100 g de cerneaux de noix
100 g de beurre (+ pour le moule)
2 œufs
100 g de sucre en poudre
150 g de farine (+ pour le moule)
1 cuil. à café de levure chimique
1 cuil. à soupe d'eau de fleur d'oranger
½ cuil. à café de cannelle en poudre

Matériel

Moule à manqué de 24 cm de diamètre

1. Préchauffez le four à 180 °C (th. 6). Beurrez et farinez le moule. Dénoyautez les dattes et coupez-les en dés. Concassez grossièrement les cerneaux de noix. Faites fondre le beurre dans une casserole ou au four à micro-ondes.

2. Dans un saladier, battez au fouet les œufs avec le sucre, jusqu'à ce que le mélange soit bien mousseux. Incorporez progressivement le beurre, la farine et la levure chimique. Ajoutez les dattes, les noix, l'eau de fleur d'oranger et la cannelle. Mélangez bien.

3. Versez la pâte dans le moule et enfournez le gâteau pour 25 à 30 min de cuisson. Laissez-le refroidir avant de le démouler. Dégustez ce gâteau accompagné d'un bon thé à la menthe.

CONSEILS

Saupoudrez le gâteau de sucre glace avant de le déguster. Vous pouvez également le parsemer de quelques cerneaux de noix concassés.

Gâteau de semoule

Pour 6-8 personnes / 20 min de préparation / 35-40 min de cuisson

Ingrédients

200 g de beurre (+ pour le moule)
3 œufs
250 g de sucre en poudre
1 cuil. à café de levure chimique
1 cuil. à café d'extrait de vanille liquide
1 cuil. à soupe d'eau de fleur d'oranger
500 g de semoule de blé fine
30 amandes mondées environ

Matériel

Moule rectangulaire ou plat à gratin

1. Préchauffez le four à 180 °C (th. 6). Faites fondre le beurre dans une casserole ou au four à micro-ondes.

2. Dans un saladier, battez à l'aide d'un fouet les œufs avec le sucre, jusqu'à ce que le mélange soit bien mousseux. Ajoutez le beurre fondu, la levure, l'extrait de vanille et l'eau de fleur d'oranger. Incorporez ensuite la semoule. Mélangez bien.

3. Beurrez le moule et versez-y la pâte. Parsemez la surface d'amandes. Enfournez le gâteau pour 35 à 40 min de cuisson, jusqu'à ce que le dessus de celui-ci soit bien doré.

4. Laissez le gâteau de semoule refroidir avant de le tailler en losanges, avec une amande mondée en leur centre.

CONSEIL

Saupoudrez le gâteau de sucre glace avant de le détailler en losanges.

Gâteau au curaçao

Pour 4 personnes / 20 min de préparation / 20 min de cuisson

Ingrédients

3 oeufs
125 g de sucre en poudre
30 g de farine
30 g de fécule de pomme de terre
3 cuil. à soupe de curaçao bleu
1 pincée de sel
Crème chantilly
200 g de myrtilles fraîches
1 sachet de sucre vanillé ou de sucre glace
Beurre pour le moule

Matériel

Batteur électrique

1. Préchauffez le four à 180 °C (th. 6). Séparez les blancs des jaunes d'œufs.

2. Dans un saladier, fouettez les jaunes d'œufs avec le sucre jusqu'à ce que le mélange blanchisse. Ajoutez la farine et la fécule préalablement tamisées. Mélangez bien, puis incorporez progressivement le curaçao.

3. Dans un autre saladier, montez les blancs d'œufs en neige ferme avec la pincée de sel à l'aide du batteur électrique. Incorporez-les délicatement à la préparation précédente à la spatule.

4. Versez la pâte dans le moule beurré et enfournez pour 20 min de cuisson. À la sortie du four, laissez refroidir le gâteau et démoulez-le. Recouvrez-le de crème chantilly et parsemez la surface de myrtilles. Saupoudrez de sucre vanillé ou de sucre glace avant de servir.

Budin de boniato (pudding de patate douce)

Pour 4 personnes / 15 min de préparation / 1 h de cuisson

Ingrédients

1 kg de patates douces
4 œufs
100 g de sucre de canne blond
1 cuil. à café de cannelle moulue
1 cuil. à café de noix de muscade fraîchement râpée
5 à 10 cl de lait
Sucre glace

1. Préchauffez le four à 210 °C (th. 7). Épluchez les patates douces. Coupez-les en rondelles assez fines. Superposez-les dans un plat à gratin et recouvrez-les d'eau, puis enfournez et laissez cuire pendant 15 min.

2. Pendant ce temps, battez les œufs avec le sucre dans un saladier jusqu'à obtention d'un mélange mousseux. Ajoutez la cannelle, la noix de muscade et 5 cl de lait.

3. Écrasez les patates douces jusqu'à obtention de la consistance d'une purée à l'ancienne (avec quelques morceaux). Incorporez-la à la préparation aux œufs. Si la préparation vous semble trop épaisse, ajoutez un peu de lait.

4. Enfournez à nouveau pour 45 min de cuisson. À la sortie du four, saupoudrez de sucre glace avant de servir.

Gâteau fromager au fruit de la Passion

Pour 4 personnes / 30 min de préparation / 45 min de cuisson

Ingrédients

500 g de biscuits sablés nature
50 g de beurre mou
17,5 cl de jus de fruit de la Passion
500 g de fromage blanc (ou de ricotta)
10 cl de yaourt brassé nature à la grecque
5 cuil. à café de fécule de maïs
40 g de sucre en poudre
4 blancs d'œufs
5 fruits de la Passion frais
10 cl de jus d'orange

Matériel

Mixeur
Moule à tarte
Film alimentaire

1. Préchauffez le four à 180 °C (th. 6). Mettez les biscuits dans le bol du mixeur et réduisez-les en miettes. Incorporez le beurre et mixez de nouveau jusqu'à ce que le mélange soit homogène.

2. Tapissez le fond du moule à tarte de cette préparation et tassez bien. Recouvrez de film alimentaire et placez au réfrigérateur.

3. Versez le jus de fruit de la Passion dans le bol du mixeur. Ajoutez le fromage blanc, le yaourt, 3 cuil. à soupe de fécule de maïs, le sucre en poudre et les blancs d'œufs. Mixez le tout jusqu'à obtention d'une préparation homogène.

4. Ôtez le film alimentaire sur le fond de tarte et garnissez celui-ci du mélange précédent au fruit de la Passion. Enfournez pour 45 min de cuisson.

5. Ouvrez les fruits de la Passion et versez la pulpe dans une casserole. Ajoutez la fécule de maïs restante et le jus d'orange. Faites chauffer et laissez réduire jusqu'à obtention d'un mélange suffisamment épais pour pouvoir recouvrir la tarte sans couler.

6. À la sortie du four, versez le « glaçage » sur la tarte et laissez refroidir avant de servir.

Cake de nata

Pour 6 personnes / 20 min de préparation / 40 min de cuisson

Ingrédients

20 cl de crème fraîche épaisse
30 g de sucre en poudre
6 œufs
20 g de farine
10 cl de lait
1 gousse de vanille
Beurre pour le moule

Matériel

Moule à manqué

1. Préchauffez le four à 210 °C (th. 7). Dans un saladier, mélangez longuement la crème avec le sucre jusqu'à obtention d'un mélange homogène et onctueux.

2. Ajoutez les œufs préalablement battus et fouettez jusqu'à ce que le mélange soit mousseux. Incorporez alors la farine tamisée, puis progressivement le lait.

3. Fendez la gousse de vanille dans la longueur et grattez l'intérieur avec la pointe d'un couteau pour en prélever les gaines. Ajoutez-les à la préparation.

4. Versez la pâte dans le moule à manqué beurré et enfournez pour 40 min de cuisson.

CONSEILS

Vous pouvez remplacer la gousse de vanille par 2 cuil. à soupe d'extrait de vanille liquide. Pour vérifier la cuisson du cake, plantez la lame d'un couteau au cœur du gâteau ; elle doit en ressortir propre et sèche.

Chajá de Paysandú (gâteau meringué aux pêches)

Pour 6 personnes / 45 min de préparation / 2 h de cuisson

Ingrédients

800 g de pêches au sirop
Liqueur de pêches
250 g de confiture de lait
Un peu de lait
Crème Chantilly

La meringue

3 œufs
1 sachet de sucre vanillé
1 cuil. à café de fécule de maïs
1 pincée de sel

La génoise

6 œufs
30 g de sucre en poudre
1 gousse de vanille Bourbon
200 g de farine
1 sachet de levure chimique

Matériel

Batteur électrique
Cercle à pâtisserie
Papier sulfurisé
Moule à manqué
Pinceau alimentaire

1. Préchauffez le four à 150 °C (th. 5). Préparez la meringue. Séparez les blancs des jaunes d'œufs. Montez les blancs en neige avec le sucre vanillé, la fécule de maïs et le sel à l'aide du batteur électrique. Versez la meringue dans un cercle à pâtisserie de 2 cm de diamètre posé sur la plaque de cuisson tapissée de papier sulfurisé. Formez un disque de meringue plat et homogène. Enfournez pour 1 h 30 de cuisson.

2. Préparez la génoise. Préchauffez le four à 180 °C (th. 6). Dans un saladier, battez les œufs avec le sucre en poudre jusqu'à ce que le mélange blanchisse. Fendez la gousse de vanille dans la longueur et grattez l'intérieur avec la pointe d'un couteau pour en récupérer les graines. Ajoutez-les aux œufs. Incorporez la farine et la levure tamisées. Versez la pâte dans le moule et enfournez pour 30 min de cuisson.

3. Ouvrez la boîte de pêches au sirop. Mélangez la moitié du sirop avec la liqueur dans un bol. Fendez la génoise en trois dans l'épaisseur et badigeonnez-les de sirop à la liqueur au pinceau. Taillez la meringue et la génoise en petits morceaux irréguliers. Coupez les pêches en petits cubes.

4. Sur le plat de service, formez un petit cercle avec la moitié des morceaux de génoise. Versez par-dessus la moitié de la confiture de lait préalablement ramollie avec un peu de lait. Recouvrez avec une couche de morceaux de pêche. Tassez le tout avec une spatule, puis disposez par-dessus une couche de meringue. Renouvelez l'opération jusqu'à épuisement des ingrédients, en terminant par une couche de pêches. Conservez au frais. Décorez de crème Chantilly au moment de servir.

3. Petits gâteaux

Muffins au chocolat et cœur de spéculoos

Pour 12 muffins / 20 min de préparation / 15 min de cuisson

Ingrédients

150 g de farine
100 g de beurre
100 g de sucre en poudre
2 œufs
100 g de chocolat noir
½ sachet de levure chimique
3 cuil. à soupe de lait
12 cuil. à café de pâte de spéculoos

Matériel

Moules à muffins
Caissettes en papier

1. Préchauffez le four à 180 °C (th. 6).

2. Dans un saladier, fouettez les œufs avec le sucre jusqu'à ce que le mélange blanchisse. Dans une casserole, faites fondre le beurre avec le chocolat et ajoutez-le au mélange ainsi que la farine et la levure. Délayez avec le lait.

3. Mettez des caissettes en papier dans des moules à muffins. Déposez 1 cuil. à soupe de pâte dans chaque caissette, puis 1 cuil. à café de pâte de spéculoos et finissez par un peu de pâte. Enfournez les muffins pour 15 min de cuisson. Démoulez-les et laissez-les refroidir ensuite sur une grille.

Muffins au thé vert et à la framboise

Pour 10 muffins environ / 15 min de préparation / 20 min de cuisson

Ingrédients

1 œuf
1 pincée de sel
20 cl de lait entier
1 cuil. à café de thé vert matcha
250 g de farine
1 sachet de levure chimique
60 g de cassonade
100 g de beurre pommade
100 g de framboises surgelées

Matériel

Batteur électrique
Moules à muffins

1. Préchauffez le four à 190 °C (th. 6). Séparez le blanc du jaune d'œuf. À l'aide du batteur électrique, montez le blanc d'œuf en neige très ferme avec le sel. Dans un saladier, fouettez ensemble le lait, le thé vert et le jaune d'œuf. Ajoutez, sans cesser de mélanger, la farine, la levure, la cassonade puis le beurre.

2. Incorporez délicatement à la pâte le blanc en neige. Ajoutez ensuite les framboises surgelées.

3. Versez la pâte dans des moules graissés, à mi-hauteur, puis enfournez pour 20 min de cuisson. La pâte doit dorer et gonfler. Sortez les muffins du four et laissez-les tiédir avant de les démouler.

VARIANTE

Vous pouvez remplacer le thé vert matcha par 1 cuil. à café de pâte de pistache (dans les magasins bio ou les épiceries fines).

Muffins aux myrtilles

Pour 4 personnes / 20 min de préparation / 20 à 25 min de cuisson

Ingrédients
120 g de sucre
1 œuf
125 g de farine
½ cuil. à café de levure chimique
1 pincée de sel
70 g de beurre
10 cl de lait
125 g de myrtilles surgelées

Matériel
Caissettes en papier

1. Préchauffez le four à 180 °C (th. 6).

2. Mélangez le sucre et l'œuf au fouet jusqu'à obtenir une préparation mousseuse. Ajoutez ensuite la farine préalablement mélangée à la levure et au sel.

3. Faites fondre le beurre dans une casserole ou au micro-ondes puis versez-le dans la préparation avec le lait. Mélangez bien. Sortez au dernier moment les myrtilles du congélateur puis incorporez-les délicatement à la pâte.

4. Remplissez de pâte 8 caissettes en papier jusqu'aux trois quarts de la hauteur.

5. Enfournez 20 à 25 min jusqu'à ce que les muffins soient dorés.

6. Laissez refroidir sur une grille avant de déguster.

Cupcakes framboises-rhubarbe

Pour 15 cupcakes / 30 min de préparation / 25 min de cuisson

Ingrédients

3 pots de farine
2 pots de sucre
100 g de beurre pommade
1 yaourt à la grecque
3 œufs
1 sachet de levure chimique
100 g de framboises surgelées
150 g de rhubarbe

Pour le topping

300 g de fromage frais (type Carré Frais®)
130 g de sucre glace
3 cuil. à soupe de sirop d'agave
½ sachet de vanille en poudre
Sucres, paillettes pour le décor

Matériel

Caissettes en papier
Poche à pâtisserie avec douille cannelée

1. Préchauffez le four à 165 °C (th. 5-6).

2. Dans un saladier, mélangez intimement le yaourt, la farine, la levure, le sucre, les œufs et le beurre ramolli. Ajoutez ensuite les framboises et la rhubarbe que vous aurez préalablement épluchée et coupée en morceaux. Lorsque vous avez obtenu un mélange homogène, répartissez-le dans des caissettes en papier. Faites cuire au four pendant 25 min, puis laissez refroidir sur une grille.

3. Préparez le topping. Fouettez le cream-cheese avec le sucre, le sirop d'agave et la vanille jusqu'à l'obtention d'une crème bien homogène. Versez-la dans une poche à douille cannelée, puis décorez les cupcakes. Parachevez le décor avec des sucres et des paillettes, et réservez les cupcakes au frais.

Cupcakes au citron

Pour 12 cupackes environ / 25 min de préparation / 15 min de cuisson

Ingrédients

2 œufs
100 g de sucre en poudre
1 pincée de sel
150 g de beurre ramolli
150 g de farine
½ sachet de levure chimique
1 cuil. à soupe de crème fraîche épaisse
1 citron non traité

Pour le glaçage

50 g de beurre ramolli
100 g de fromage frais (type Carré Frais®)
2 cuil. à café de sucre glace
1 pincée de vanille en poudre

Matériel

Batteur électrique
Caissettes en papier
Poche à pâtisserie munie d'une douille cannelée (facultatif)

1. Préchauffez le four à 190 °C (th. 6). Séparez les blancs des jaunes d'œufs. À l'aide du batteur électrique, montez les blancs d'œufs en neige très ferme avec 25 g de sucre et le sel. Dans un saladier, fouettez les jaunes d'œufs avec le reste du sucre, jusqu'à ce que le mélange blanchisse fortement. Ajoutez alors le beurre, la farine et la levure. La pâte doit être épaisse.

2. Prélevez la moitié des blancs en neige et mélangez-les vigoureusement à la pâte afin de la détendre. Versez le reste des blancs en neige et la crème, puis mélangez pour bien homogénéiser le tout.

3. Versez la pâte dans des caissettes ou des moules à mi-hauteur et enfournez pour 15 min de cuisson. Les cupcakes sont cuits lorsque la pointe d'un couteau enfoncée à cœur en ressort humide mais propre. Sortez-les du four et laissez-les tiédir quelques minutes avant de les démouler. Laissez ensuite bien refroidir.

4. Pendant ce temps, réalisez le glaçage : Dans un petit saladier, mélangez le beurre, le fromage frais, le sucre glace et la vanille. Mélangez jusqu'à l'obtention d'une préparation crémeuse et homogène.

5. Nettoyez et râpez finement la peau du citron, puis pressez-le. Ajoutez le zeste et le jus de citron au glaçage avant de l'étaler sur les cupcakes à l'aide d'une spatule ou d'une poche à pâtisserie.

CONSEIL

Vous pouvez aussi réaliser le glaçage avec une crème au citron type lemon curd.

Cupcakes aux framboises, glaçage spéculoos

Pour 16 cupcakes / 30 min de préparation / 15 à 20 min de cuisson / 30 min de réfrigération

Ingrédients

Pour les cupcakes

200 g de farine
½ cuil. à café de sel
1 cuil. à café de levure
200 g de sucre
200 g de beurre mou
2 cuil. à café d'arôme vanille
4 œufs
100 g de framboises (2 par cupcake)

Pour le glaçage

200 g de fromage frais (type Carré Frais®)
60 g de beurre mou
60 g de sucre glace
4 cuil. à soupe de pâte de spéculoos
8 spéculoos

Matériel

Moules à muffins
Poche à douille cannelée

1. Préparez tout d'abord les cupcakes. Préchauffez le four à 180 °C (th. 6). Dans un premier saladier, mélangez la farine, le sel et la levure. Dans un autre saladier, versez le sucre, le beurre mou et l'arôme vanille ; mélangez afin d'obtenir une pâte crémeuse. Ajoutez les œufs un par un tout en fouettant. Incorporez petit à petit, en le tamisant, le mélange farine-levure. Continuez de fouetter la pâte pendant 2 min pour obtenir un mélange homogène. Remplissez un tiers des moules de cette pâte puis déposez 2 à 3 framboises dans chacun (selon la taille des cupcakes). Recouvrez ensuite la pâte jusqu'aux deux tiers des moules. Enfournez pour 15 à 20 min de cuisson. Laissez refroidir.

2. Préparez le glaçage. Dans un saladier, fouettez le fromage frais avec le beurre mou jusqu'à obtenir un mélange homogène. Incorporez le sucre glace et la pâte de spéculoos, remuez à nouveau 2 min. Laissez reposer au frais 30 min.

3. À l'aide de la poche à douille, recouvrez chaque petit gâteau de crème. Émiettez 4 spéculoos et répartissez-les sur le dessus de chaque crème. Enfin, déposez la moitié d'un biscuit sur le dessus. Réservez au frais jusqu'au moment de servir.

Mini-marbrés chocolat au lait et noix de coco

Pour 12 mini-marbrés / 20 min de préparation / 15 à 20 min de cuisson

Ingrédients

150 g de beurre
180 g de farine
½ sachet de levure chimique
3 œufs
180 g de sucre
150 g de chocolat au lait pâtissier
80 g de noix de coco râpée
1 pincée de sel

Matériel

Batteur
Moules à mini-cakes

1. Préchauffez le four à 180 °C (th. 6). Faites fondre le beurre dans une casserole à feu doux. Réservez. Tamisez la farine et la levure dans un bol. Cassez les œufs en séparant les blancs des jaunes. Montez les blancs en neige bien ferme avec le sel. Dans un saladier, mélangez au fouet le beurre fondu avec le sucre puis ajoutez les jaunes d'œufs et versez en pluie le mélange farine-levure. Mélangez le tout. Ajoutez ensuite les blancs montés en neige, en tournant doucement dans le même sens.

2. Faites fondre le chocolat au bain-marie ou au micro-ondes. Divisez la pâte en 2 parties égales : dans l'une, incorporez le chocolat au lait, dans l'autre, la noix de coco.

3. Répartissez les préparations dans les moules en alternant la pâte au chocolat au lait et la pâte à la noix de coco jusqu'à épuisement des pâtes.

4. Enfournez pour 15 à 20 min. Laissez refroidir avant de déguster.

VARIANTE

Remplacez le chocolat au lait par 100 g de chocolat pralinoise.

Cannelés bordelais

Pour 20 cannelés / 30 min de préparation / 1 nuit de repos / 1 h de cuisson

Ingrédients

120 g de farine
70 g de beurre
250 g de sucre en poudre
2 œufs entiers + 3 jaunes
50 cl de lait entier
1 gousse de vanille
1 bouchon de rhum

Matériel

Moules à cannelés

1. La veille, coupez la gousse de vanille en deux et récupérez les petites graines noires. Dans une casserole, faites bouillir le lait avec la gousse et les graines de vanille et le beurre.

2. Pendant ce temps, mélangez la farine et le sucre puis incorporez les œufs et les jaunes d'un seul coup. Retirez la gousse de vanille de la casserole. Versez le lait bouillant en un mince filet tout en continuant de fouetter. Vous devez obtenir une pâte qui ressemble un peu à une pâte à crêpes. Laissez-la refroidir, puis ajoutez le rhum. Laissez reposer la pâte au frais pendant une nuit.

3. Le jour même, préchauffez le four à 270 °C (th. 9). Répartissez la pâte dans des moules à cannelés en silicone ou dans des moules en cuivre pour les puristes. Enfournez pour 5 min, puis baissez le thermostat à 180 °C (th. 6) et poursuivez la cuisson pendant 50 à 55 min. Laissez refroidir 2 ou 3 min, puis démoulez délicatement les cannelés. Laissez-les reposer sur une grille avant dégustation.

Madeleines

Pour 15 madeleines environ / 20 min de préparation / 10 min de cuisson

Ingrédients

2 œufs

140 g de beurre à température ambiante + 15 g pour les moules

140 g de sucre en poudre

100 g de farine

2 pincées de levure chimique

1 pincée de sel

Matériel

Batteur électrique

Moules à madeleines

1. Préchauffez le four à 200 °C (th. 6-7). Séparez les blancs des jaunes d'œufs. À l'aide du batteur électrique, montez les blancs en neige.

2. Dans un saladier, fouettez le beurre et le sucre jusqu'à obtention d'un mélange homogène. Ajoutez la farine, la levure chimique, les jaunes d'œufs et le sel. Incorporez ensuite délicatement les blancs en neige.

3. Beurrez légèrement les moules et versez la pâte à hauteur dans les empreintes. Ne mettez pas trop de pâte car les madeleines vont gonfler à la cuisson et alors déborder des empreintes. Enfournez pour 10 min de cuisson. Les madeleines doivent être dorées et gonflées. Laissez-les tiédir avant de les démouler et de les faire sécher sur une grille.

CONSEIL

Vous pouvez aromatiser les madeleines avec du zeste de citron, de la vanille, de la cannelle, du cacao, etc.

Madeleines groseilles-chocolat blanc

Pour 30 madeleines / 20 min préparation / 30 min de repos / 20 min de cuisson

Ingrédients

230 g de farine
130 g de beurre
125 g de sucre roux
4 œufs
1 sachet de levure chimique
100 g de groseilles fraîches ou surgelées
100 g de chocolat blanc

Matériel

Moules à madeleines

1. Dans un saladier, fouettez les œufs avec le sucre jusqu'à ce que le mélange blanchisse. Ajoutez le beurre préalablement fondu, puis la farine et la levure. Mélangez bien tous ces ingrédients jusqu'à l'obtention d'une pâte homogène. Ajoutez ensuite les groseilles. Laissez reposer la pâte au frais pendant 30 min.

2. Préchauffez le four à 240 °C (th. 8). Versez la pâte dans des moules à madeleines antiadhésifs et enfournez pour 20 min, baissez le thermostat à 180 °C (th. 6). Laissez tiédir avant de démouler.

3. Faites fondre le chocolat blanc au bain-marie, puis trempez-y les madeleines. Réservez-les sur une grille à pâtisserie.

Financiers

Pour 15 financiers environ / 15 min de préparation / 20 min de cuisson

Ingrédients

150 g de sucre en poudre
100 g de poudre d'amandes
40 g de farine
1 pincée de sel
115 g de beurre
(+ pour les moules)
100 g de blancs d'œufs
(environ 3 blancs d'œufs)
25 g d'amandes effilées

Matériel

Batteur électrique
Moules à financiers

1. Dans un saladier, mélangez le sucre, la poudre d'amandes, la farine et le sel. Liez bien le tout.

2. Dans une casserole, mettez sur feu moyen le beurre. Lorsqu'il a complètement fondu, laissez-le cuire de 3 à 5 min environ, de façon à ce qu'il prenne une belle couleur noisette. Versez alors le beurre dans un bol afin de cesser toute cuisson. Préchauffez le four à 190 °C (th. 6).

3. À l'aide du batteur électrique, montez les blancs d'œufs en neige très ferme. Incorporez-les délicatement au mélange farine-sucre-poudre d'amandes, jusqu'à obtention d'un mélange homogène. Ajoutez petit à petit le beurre. La pâte doit être lisse et un peu épaisse.

4. Beurrez légèrement les moules et versez la pâte à hauteur dans les empreintes. Ne mettez pas trop de pâte car les financiers vont gonfler à la cuisson et alors déborder des empreintes. Parsemez d'amandes effilées et enfournez pour 10 min de cuisson. Les financiers doivent être dorés et gonflés. Laissez-les tiédir avant de les démouler et de les faire sécher sur une grille.

CONSEIL

Vous pouvez ajouter dans les financiers des framboises, des pépites de chocolat, des zestes de citron, de la vanille, etc.

Financiers pistaches-framboises

Pour 10 financiers / 20 min de préparation / 20 min de cuisson

Ingrédients
3 blancs d'œufs
125 g de sucre
75 g de beurre
75 g de poudre d'amandes
75 g de farine
30 g de pistaches
75 g de framboises

Matériel
Moules à financiers

1. Préchauffez le four à 180 °C (th. 6).

2. Dans un saladier, fouettez les blancs d'œufs avec le sucre, mais sans les monter en neige. Ajoutez le beurre préalablement fondu ainsi que la poudre d'amandes et la farine. Mélangez soigneusement, puis ajoutez les pistaches et les framboises, incorporez-les bien.

3. Répartissez la pâte dans des moules à financiers et faites cuire au four pendant 20 min. Laissez reposer 5 min avant de démouler.

Macarons spéculoos et caramel au beurre salé

Pour 30 macarons / 30 min de préparation / 1 h de séchage / 10 à 12 min de cuisson

Ingrédients

Pour les coques

120 g de blancs d'œufs (soit 4 œufs)
120 g de poudre d'amandes
220 g de sucre glace
40 g de sucre semoule
10 spéculoos
1 pincée de sel

Pour la garniture caramel au beurre salé

80 g de sucre en poudre
10 cl de crème liquide
30 g de beurre salé
3 g de sel

Matériel

Mixeur
Plaque à pâtisserie
Batteur
Poche à douille (facultatif)
Papier cuisson

1. Préparez le caramel au beurre salé : faites un caramel à sec uniquement avec le sucre, sans eau. Dans une casserole, faites bouillir la crème liquide. Dès que vous obtenez une belle couleur brune, versez la crème liquide, le sel puis le beurre salé. Mélangez puis portez à ébullition. Laissez refroidir.

2. Préparez les coques : préchauffez le four à 150 °C (th. 5). Mixez très finement les amandes en poudre avec le sucre glace. Tamisez ce mélange puis enfournez 5 min. Laissez refroidir. Dans un saladier, au batteur, montez les blancs en neige avec le sel ; lorsqu'ils commencent à être fermes, versez le sucre tout en continuant de battre, lissez bien le tout au batteur. Tamisez le mélange sucre-amandes sur les blancs en neige et incorporez-les très délicatement à l'aide d'une maryse.

3. Avec la poche à douille, dressez des petites boules régulières sur la plaque tapissée de papier cuisson (à défaut, faites des petits tas réguliers à l'aide d'une cuillère). Laissez sécher les coques 1 h dans un endroit sec.

4. Parsemez les coques de spéculoos réduits en poudre puis enfournez les coques 10 à 12 min.

5. Décollez les coques de la plaque puis laissez-les refroidir. Garnissez la moitié des coques de caramel au beurre salé, puis recouvrez-les avec les autres coques pour former les macarons.

Petits gâteaux au citron, au pavot et à la vanille

Pour 10 petits gâteaux environ / 20 min de préparation / 35 min de cuisson

Ingrédients

1 citron
1 gousse de vanille
150 g de sucre en poudre
4 œufs
1 pincée de sel
200 g de beurre ramolli
200 g de farine
½ sachet de levure chimique
1 cuil. à soupe de pavot bleu

Matériel

Batteur électrique
Petits moules à gâteaux (type moules à muffins)

1. Préchauffez le four à 190 °C (th. 6). Nettoyez le citron, puis râpez finement la peau afin d'en récupérer le zeste, puis pressez-le. Fendez la gousse de vanille dans la longueur et grattez l'intérieur à l'aide de la pointe d'un couteau afin de récupérer les petites graines noires qu'elle contient. Mélangez-les au sucre.

2. Séparez les blancs des jaunes d'œufs. À l'aide du batteur électrique, montez les blancs d'œufs en neige très ferme avec 50 g de sucre et le sel. Dans un saladier, fouettez les jaunes d'œufs avec le reste du sucre, jusqu'à ce que le mélange blanchisse fortement.

3. Ajoutez alors le beurre, le zeste et le jus de citron, la farine et la levure. La pâte doit être épaisse. Prélevez la moitié des blancs en neige et mélangez-les vigoureusement à la pâte afin de la détendre. Versez le reste des blancs en neige et le pavot, puis mélangez pour bien homogénéiser le tout.

4. Versez la pâte dans des moules graissés, aux deux tiers de leur hauteur, puis enfournez pour 20 min de cuisson. Les gâteaux sont cuits lorsque la pointe d'un couteau enfoncée à cœur en ressort humide mais propre. Sortez-les du four et laissez-les tiédir quelques minutes avant de les démouler.

VARIANTES

Vous pouvez remplacer le pavot par des graines de lin ou de tournesol.

Petits gâteaux aux fruits de la Passion

Pour 10 petits gâteaux environ / 30 min de préparation / 35 min de cuisson

Ingrédients

6 fruits de la Passion un peu fripés
1 gousse de vanille
4 œufs
200 g de cassonade
1 pincée de sel
200 g de beurre ramolli
200 g de farine
½ sachet de levure chimique
50 g de sucre glace
Le jus de ½ citron vert

Matériel

Tamis fin
Batteur électrique
Petits moules à gâteaux (type moules à muffins)

1. Préchauffez le four à 190 °C (th. 6). Coupez les fruits de la Passion en deux, puis retirez les graines et la chair se trouvant à l'intérieur. Passez le tout au travers du tamis pour récupérer le jus. Fendez la gousse de vanille dans la longueur et grattez l'intérieur à l'aide de la pointe d'un couteau afin de récupérer les petites graines noires qu'elle contient. Mélangez-les à la moitié du jus de fruit de la Passion.

2. Séparez les blancs des jaunes d'œufs. À l'aide du batteur électrique, montez les blancs d'œufs en neige très ferme avec 50 g de cassonade et le sel. Dans un saladier, fouettez les jaunes d'œufs avec le reste de la cassonade, jusqu'à ce que le mélange blanchisse fortement. Ajoutez alors le beurre, la farine et la levure. La pâte doit être épaisse.

3. Prélevez la moitié des blancs en neige et mélangez-les vigoureusement à la pâte afin de la détendre. Versez le reste des blancs en neige et le jus de fruit vanillé, puis mélangez pour bien homogénéiser le tout.

4. Versez la pâte dans des moules graissés, aux deux tiers de leur hauteur, puis enfournez pour 20 min de cuisson. Les gâteaux sont cuits lorsque la pointe d'un couteau enfoncée à cœur en ressort humide mais propre. Sortez-les du four et laissez-les tiédir quelques minutes avant de les démouler.

5. Pendant ce temps, mélangez le reste du jus de fruit de la Passion avec le sucre glace et le jus de citron. Arrosez chaque petit gâteau d'une cuillerée de ce glaçage.

Petits gâteaux aux pommes

Pour 8 à 10 petits gâteaux environ / 20 min de préparation / 20 min de cuisson

Ingrédients
4 œufs
150 g de sucre en poudre
1 pincée de sel
200 g de beurre ramolli
200 g de farine
½ sachet de levure chimique
1 cuil. à soupe de crème fraîche épaisse
4 pommes (type Golden)
3 cuil. à soupe de gelée de coing

Matériel
Batteur électrique
Petits moules à gâteaux (type moules à muffins)
Pinceau alimentaire

1. Préchauffez le four à 190 °C (th. 6). Séparez les blancs des jaunes d'œufs. À l'aide du batteur électrique, montez les blancs d'œufs en neige très ferme avec 50 g de sucre et le sel. Dans un saladier, fouettez les jaunes d'œufs avec le reste du sucre, jusqu'à ce que le mélange blanchisse. Ajoutez alors le beurre, la farine puis la levure. La pâte doit alors être épaisse.

2. Prélevez la moitié des blancs en neige et mélangez-les vigoureusement à la pâte afin de la détendre. Versez le reste des blancs en neige et la crème, puis mélangez pour bien homogénéiser le tout. Épluchez les pommes, coupez-les en huit et retirez-en le cœur.

3. Versez la pâte dans les moules graissés, jusqu'aux deux tiers. Enfoncez dans chacun 4 morceaux de pomme avant d'enfourner pour 20 min de cuisson. Les gâteaux sont cuits lorsque la pointe d'un couteau enfoncée à cœur en ressort humide mais propre. Sortez les gâteaux du four et laissez-les tiédir quelques minutes avant de les démouler.

4. Pendant ce temps, faites fondre la gelée de coing dans une casserole avec un fond d'eau, puis badigeonnez-en généreusement les gâteaux à l'aide du pinceau. Laissez ensuite bien refroidir avant de servir.

CONSEIL

Vous pouvez ajouter dans la pâte un peu de vanille ou de cannelle en poudre.

Moelleux au chocolat

Pour 10 petits moelleux environ / 15 min de préparation / 10 min de cuisson

Ingrédients

1 gousse de vanille
125 g de beurre
200 g de chocolat
150 g de cassonade
50 g de farine
1 pincée de sel
3 œufs

Matériel

Petits moules à gâteaux (type moules à muffins)

1. Préchauffez le four à 190 °C (th. 6). Fendez la gousse de vanille dans la longueur et grattez l'intérieur à l'aide de la pointe d'un couteau afin de récupérer les petites graines noires qu'elle contient. Placez-les dans une casserole avec le beurre. Faites fondre le tout à feu moyen.

2. Ajoutez dans la casserole le chocolat et mélangez à l'aide d'un fouet jusqu'à ce qu'il ait complètement fondu. Versez alors la cassonade, mélangez bien, puis versez la farine et le sel. Mélangez à nouveau jusqu'à obtention d'une pâte homogène. Incorporez alors les œufs un à un, en fouettant bien entre chaque ajout. La pâte doit former une masse uniforme qui n'accroche plus les bords de la casserole. Coupez le feu.

3. Versez la pâte dans des moules graissés, aux deux tiers de leur hauteur, puis enfournez pour 10 min de cuisson. Les moelleux sont cuits lorsqu'ils sont gonflés et craquelés sur le dessus. Sortez-les alors du four et laissez-les tiédir quelques minutes avant de les démouler.

CONSEILS

Ces délicieux gâteaux peuvent être enrichis en ajoutant une touche de café. Si vous pouvez résister à la tentation, laissez-les reposer toute une nuit avant de les déguster. Ils seront encore plus moelleux à l'intérieur et craquants à l'extérieur.

OVENEX
MADE IN ENGLAND
OVENEX
TRADE MARK

Moelleux à la noisette

Pour 10 petits moelleux environ / 20 min de préparation / 25 min de cuisson

Ingrédients
6 blancs d'œufs
1 pincée de sel
200 g de beurre
200 g de sucre en poudre
75 g de poudre d'amandes
100 g de poudre de noisettes
75 g de farine

Matériel
Batteur électrique
Petits moules à gâteaux (type moule à muffins)

1. Préchauffez le four à 190 °C (th. 6). À l'aide du batteur électrique, montez les blancs d'œufs en neige très ferme avec le sel. Mettez le beurre dans une casserole et posez sur feu moyen. Laissez-le cuire quelques minutes afin qu'il prenne une belle couleur blonde et qu'il ne mousse plus.

2. Dans un grand saladier, mélangez le sucre, la poudre d'amandes, la poudre de noisettes et la farine. Homogénéisez bien le tout.

3. Ajoutez à la pâte les blancs en neige et le beurre noisette. Incorporez le tout délicatement à l'aide d'une spatule.

4. Versez la pâte dans les moules graissés, jusqu'aux deux tiers, puis enfournez pour 20 min de cuisson. Les gâteaux sont cuits lorsque la pointe d'un couteau enfoncée à cœur en ressort humide mais propre.

5. Sortez les gâteaux du four et laissez-les tiédir quelques minutes avant de les démouler.

CONSEILS

Pour un goût plus neutre, n'utilisez que de la poudre d'amandes, vous obtiendrez alors des financiers.

Mini-cakes bananes et crumble à la cannelle

Pour 10 mini-cakes / 25 min de préparation / 15 min de cuisson

Ingrédients

100 g de farine
1 cuil. à café de levure
½ cuil. à café de cannelle en poudre
100 g de beurre mou
50 g de sucre en poudre
50 g de sucre roux
2 œufs de calibre moyen
1 banane
1 pincée de sel

Pour le crumble

60 g de farine
40 g de sucre roux
1 cuil. à soupe de cannelle
50 g de beurre mou

Matériel

Moules à mini-cakes

1. Préparez tout d'abord le crumble : dans un saladier, mélangez la farine avec le sucre et la cannelle. Ajoutez le beurre coupé en morceaux et malaxez du bout des doigts jusqu'à l'obtention d'une pâte granuleuse (n'hésitez pas à ajouter un peu de farine). Réservez au frais.

2. Préparez les mini-cakes : préchauffez le four à 180 °C (th. 6). Tamisez la farine avec la levure, la cannelle et le sel. Dans un saladier, fouettez le beurre avec les sucres jusqu'à ce que le mélange soit crémeux. Ajoutez les œufs un par un tout en mélangeant après chaque ajout.

3. Écrasez la banane avec une fourchette et incorporez-la à la préparation. Versez en pluie le mélange de farine tout en remuant.

4. Versez la préparation aux trois quarts des moules. Sortez la pâte à crumble du réfrigérateur et parsemez-en sur le dessus des cakes. Enfournez pour 15 min de cuisson.

5. Laissez refroidir avant de servir.

VARIANTES

Ajoutez à la pâte 50 g de pépites de chocolat ou des noisettes concassées.

4. Grandes occasions

Galette des rois

Pour 1 tarte / 15 min de préparation / 25 min de cuisson

Ingrédients
2 pâtes feuilletées
1 jaune d'œuf

Pour la frangipane
100 g de beurre pommade
100 g de sucre en poudre
100 g de poudre d'amandes
2 œufs

Matériel
Mixeur
Pinceau alimentaire (facultatif)
Fève

1. Préchauffez le four à 190 °C (th. 6). Préparez la frangipane. Dans le bol du mixeur, mélangez d'abord le beurre avec le sucre. Ajoutez la poudre d'amandes et liez le tout avec les œufs.

2. Étalez la frangipane jusqu'à 2 cm du bord du premier rouleau de pâte feuilletée. Placez la fève. Battez le jaune d'œuf avec un peu d'eau et badigeonnez-en tout le pourtour de la tarte à l'aide d'un pinceau. Couvrez du second rouleau de pâte feuilletée. Scellez les bords en pinçant les deux pâtes.

3. Dorez généreusement le dessus de la galette en y étalant le jaune d'œuf. Incisez-la ensuite en croisillons, puis enfournez pour 25 min de cuisson. La tarte doit gonfler et dorer.

4. Sortez la galette du four et laissez-la tiédir avant d'envoyer le plus petit de l'assemblée sous la table choisir les morceaux pour vos convives. Et pas de tricheries !

VARIANTES

Préparez une frangipane au chocolat en ajoutant à la recette de base 100 g de chocolat noir fondu. Vous pouvez aussi y ajouter des fruits comme des cerises, des framboises ou des abricots.

Galette des rois amande et spéculoos

Pour 6 personnes / 15 min de préparation / 30 min de réfrigération / 45 min de cuisson

Ingrédients

2 pâtes feuilletées
2 œufs
80 g de beurre à température ambiante
60 g de sucre glace
60 g de poudre d'amandes
60 g de spéculoos

Matériel

Mixeur
Plaque à pâtisserie
Pinceau alimentaire
Papier cuisson
Fève

1. Préparez la frangipane : mixez les spéculoos. Dans un saladier, mélangez 1 œuf avec le beurre et le sucre glace jusqu'à obtenir une pâte lisse. Incorporez la poudre d'amandes et la poudre de spéculoos puis mélangez de nouveau.

2. Posez l'une des pâtes feuilletées sur la plaque tapissée de papier cuisson.

3. Battez l'autre œuf dans un bol puis badigeonnez le pourtour du disque à l'aide du pinceau. Étalez la frangipane de façon homogène et ajoutez la fève. Posez l'autre pâte feuilletée par-dessus et soudez bien les bords. Avec un couteau, tracez des rayures espacées. Laissez reposer au frais pendant 30 min.

4. Préchauffez le four à 250 °C (th. 8). Badigeonnez la galette avec le reste de l'œuf battu puis enfournez pour 40 min à 210 °C (th. 7).

Le Rainbow cake

Pour 12 personnes / 45 min de préparation / 1 h 30 de cuisson / 2 h de repos

Ingrédients

Pour la pâte

8 œufs
L'équivalent du poids des 8 œufs (environ 500 g) de beurre salé tempéré + 20 g pour le moule
L'équivalent du poids des 8 œufs (environ 500 g) de sucre + 20 g pour le moule
2 sachets de sucre vanillé
L'équivalent du poids des 8 œufs (environ 500 g) de farine
1 sachet de levure chimique
2 gouttes de chaque colorant : vert, bleu, rose, jaune, violet et orange

Pour le glaçage

50 cl de crème liquide froide
300 g de sucre glace
800 g de mascarpone
100 g de noix de coco râpée

1. Préchauffez le four à 180 °C (th. 6). Beurrez et sucrez un moule à manqué. Réservez-le au réfrigérateur.

2. Mélangez le beurre avec les sucres au batteur électrique. Cassez les œufs et séparez les jaunes des blancs. Incorporez les jaunes d'œufs un à un. Dans un saladier, mélangez la farine et la levure et ajoutez-les à la pâte. Mélangez bien. Montez les blancs en neige et incorporez-les délicatement à la préparation.

3. Séparez la pâte en 6 parts égales et incorporez un colorant dans chacune.

4. Faites cuire chaque pâte pendant 15 min au four. Démoulez immédiatement et laissez refroidir.

5. Montez la crème en chantilly au batteur électrique. Ajoutez petit à petit le sucre glace. Dans un saladier, fouettez le mascarpone au batteur pour le rendre bien souple et incorporez-le à la chantilly.

6. À l'aide d'une spatule, recouvrez le premier gâteau de glaçage. Déposez un deuxième gâteau, recouvrez de glaçage et ainsi de suite jusqu'à épuisement des ingrédients. Recouvrez les côtés de glaçage et saupoudrez de noix de coco râpée. Laissez reposer avant de servir.

Gâteau damier blanc & noir

Pour 1 cake de 6 personnes / 45 min de préparation / 25 min de cuisson / 1 h 30 de repos

Ingrédients

Pour le quatre-quarts blanc
100 g de farine
¼ cuil. à café de levure
100 g de beurre mou
100 g de sucre en poudre
2 œufs
1 cuil. à café d'extrait de vanille
1 pincée de sel

Pour le quatre-quarts noir
100 g de farine
¼ cuil. à café de levure
100 g de beurre mou
100 g de sucre en poudre
2 œufs
2 cuil. à soupe de cacao en poudre
1 pincée de sel

Pour le glaçage
Nutella®

Pour la ganache au chocolat
500 g de chocolat noir
50 cl de crème liquide

1. Préparez les cakes à la vanille et au chocolat de la même façon dans deux moules différents. Préchauffez le four à 180 °C (th. 6). Tamisez la farine avec la levure et le sel dans un bol. Dans un saladier, fouettez le beurre avec le sucre jusqu'à ce que le mélange soit crémeux. Ajoutez les œufs en mélangeant. Versez le mélange de farine tout en remuant. Ajoutez l'extrait de vanille dans une des préparations et le cacao en poudre dans l'autre ; mélangez. Répartissez chaque pâte dans les moules tapissés de papier cuisson puis enfournez 25 min. Vérifiez la cuisson avec la pointe d'un couteau, elle doit ressortir sèche. Laissez refroidir.

2. Posez le cake à la vanille sur un plan de travail, découpez-le de façon à ce que sa surface soit lisse et plate. Procédez de la même façon pour le cake au chocolat. Tartinez le dessus du cake à la vanille de Nutella® puis déposez le cake au chocolat par-dessus en appuyant fermement pour le souder. Réservez au frais 15 min.

3. Égalisez bien les 4 côtés afin d'obtenir une belle forme rectangulaire. Découpez le cake en deux dans le sens de la longueur. Tartinez une bande de cake de Nutella® puis déposez la seconde bande sur le dessus en alternant les couleurs afin d'obtenir un damier sur la tranche. Laisser reposer au frais pendant 15 min.

4. Dans un saladier, concassez le chocolat. Faites chauffer la crème liquide dans une casserole et portez-la à ébullition. Une fois la crème liquide à ébullition, versez-la sur le chocolat et mélangez-la délicatement jusqu'à obtenir une ganache lisse et homogène. Versez la ganache au chocolat sur l'ensemble du cake en lissant les côtés. Laisser durcir 1 h au frais.

Cake d'amour

Pour 8 personnes / 1 h 30 de préparation / 30 min de repos / 40 min de cuisson

Pour la base du gâteau

8 œufs
L'équivalent du poids des 8 œufs (environ 500 g) de beurre, de sucre en poudre, et de farine
20 g de beurre pour les moules
20 g de sucre en poudre pour les moules
2 sachets de sucre vanillé
1 sachet de levure
2 gouttes de colorant alimentaire rouge
150 g de Saint-Môret

Pour la garniture

200 g de mascarpone
150 g de sucre glace

Pour la déco

500 g de pâte à sucre
1 goutte de colorant rouge

1. Préchauffez le four à 180 °C (th. 6). Cassez les œufs et séparez les jaunes des blancs. Beurrez et sucrez les moules. Réservez-les au réfrigérateur. Faites fondre le beurre, puis mélangez-le avec les sucres au batteur. Incorporez les jaunes d'œufs un à un. Dans un saladier, mélangez la farine et la levure, puis ajoutez-les à la pâte. Mélangez bien. Montez les blancs en neige et incorporez-les délicatement à la préparation.

2. Divisez la pâte en deux et incorporez le colorant rouge dans l'un des morceaux. Versez chacune des pâtes dans un moule à manqué et enfournez les deux gâteaux pour 40 min de cuisson. Démoulez-les immédiatement et laissez-les refroidir pendant 30 min.

3. Émiettez le gâteau rouge et mélangez-le avec le Saint-Môret. Coupez le gâteau nature en deux dans l'épaisseur. Creusez un trou dans les deux parties du gâteau, mais laissez une forme conique au milieu de l'un des deux. Remplissez chaque trou de gâteau rouge et replacez les deux parties du gâteau l'une sur l'autre. Mélangez le mascarpone et le sucre glace, puis nappez-en le gâteau.

4. Prenez une boule de pâte à sucre et enfilez des gants de caoutchouc. Déposez le colorant rouge sur la boule de pâte et malaxez-la bien. Saupoudrez le plan de travail de sucre glace et étalez le reste de la pâte à sucre blanche au rouleau. Recouvrez-en le gâteau et lissez-la bien.

5. Découpez des cœurs à l'emporte-pièce dans les chutes de pâte blanche et fixez-les autour du gâteau avec un peu d'eau. Étalez la pâte à sucre rouge et découpez-y un dernier cœur rouge à l'emporte-pièce. Placez-le au milieu des cœurs blancs.

Le cupcake géant tout choco

Pour 12 personnes / 30 min de préparation / 40 min de cuisson / 2 h de repos

Ingrédients

300 g de chocolat
250 g de beurre
+ 20 g pour le moule
250 g de sucre
+ 20 g pour le moule
8 œufs
50 g de farine
100 g d'amandes en poudre

Pour la ganache

200 g de chocolat
20 cl de crème liquide
2 cuil. à soupe de billes argentées

Matériel

Moule à cupcake géant ou 2 moules à charlottes
Batteur électrique
Grille à pâtisserie
1 figurine (petite danseuse par exemple)

1. Préchauffez le four à 180 °C (th. 6). Beurrez et sucrez les moules. Réservez-les au réfrigérateur.

2. Cassez le chocolat en morceaux. Faites fondre le beurre à feu très doux et incorporez le chocolat et le sucre. Laissez refroidir. Cassez les œufs en séparant les blancs des jaunes. Ajoutez et fouettez les jaunes d'œufs un par un, la farine et les amandes en poudre. Montez les blancs en neige. Incorporez-en d'abord un tiers à la préparation puis, quand le mélange est bien homogène, ajoutez délicatement un autre tiers puis enfin le dernier tiers afin d'obtenir une pâte bien mousseuse.

3. Remplissez le moule et enfournez pour 40 min. Démoulez immédiatement et laissez refroidir.

4. Faites fondre le chocolat en morceaux dans la crème liquide. Placez le chapeau du cupcake sur une grille à pâtisserie et nappez-le de ganache au chocolat. Replacez le chapeau du cupcake sur sa base. Parsemez de billes argentées et placez la petite danseuse.

Cupcakes au Carambar®

Pour 12 cupcakes / 25 min de préparation / 15 min de cuisson / 30 min de repos

Ingrédients

- 10 Carambar®
- 1 cuil. à soupe de lait
- 100 g de farine
- 1 cuil. à café de levure
- 100 g de beurre mou
- 100 g de sucre en poudre
- 2 œufs de calibre moyen
- 1 pincée de sel

Pour la chantilly au Carambar®

- 25 cl de crème liquide entière
- 10 Carambar®

Matériel

- Moules à muffins
- Batteur
- Poche à douille

1. Préchauffez le four à 180 °C (th. 6). Faites fondre les Carambar avec le lait, dans une casserole, sur feu doux. Réservez. Tamisez la farine avec la levure et le sel dans un bol. Dans un saladier, fouettez le beurre avec le sucre jusqu'à ce que le mélange soit crémeux. Ajoutez les œufs un par un tout en mélangeant après chaque ajout. Versez les Carambar® fondus et remuez bien. Incorporez le mélange de farine en trois fois et en remuant bien à chaque ajout. Répartissez la préparation aux trois quarts des moules puis enfournez pour 15 min. Laissez bien refroidir.

2. Préparez la chantilly au Carambar® : faites fondre les Carambar® dans 10 cl de crème liquide. Laissez bien refroidir. Mélangez la crème liquide restante avec la crème aux Carambar® puis placez le tout au congélateur pendant 30 min.

3. Fouettez la crème à l'aide du batteur jusqu'à obtenir une texture ferme. Placez la crème montée dans une poche à douille puis dressez sur les petits gâteaux.

CONSEILS

Décorez de Smarties®, de Mini-Carambar®, de vermicelles colorés puis réservez au frais jusqu'au moment de servir.

Cupcakes aux spéculoos et glaçage au Nutella®

Pour 8 cupcakes / 15 min de préparation / 15 à 20 min de cuisson

Ingrédients

50 g de spéculoos
70 g de farine
½ cuil. à café de levure chimique
1 œuf
60 g de sucre roux en poudre (cassonade)
40 g de yaourt nature ou fromage blanc
4 cl de crème liquide
100 g de Nutella® (pour la finition)

Matériel

Moules à muffins
Mixeur
Poche à douille cannelée

1. Préchauffez le four à 180 °C (th. 6). Mixez les spéculoos. Tamisez la farine avec la levure.

2. Dans un saladier, fouettez l'œuf avec le sucre. Ajoutez le yaourt et le mélange farine-levure. Mélangez. Incorporez la crème liquide petit à petit. Ajoutez la poudre de spéculoos et mélangez bien.

3. Répartissez la pâte dans les empreintes en les remplissant aux trois quarts puis enfournez 15 min. Laissez refroidir.

4. Garnissez la poche à douille de Nutella® puis déposez-en sur chaque petit gâteau refroidi.

Gâteau de mariage

Pour 12 personnes / 1 h 30 de préparation / 30 min de repos / 40 min de cuisson

Ingrédients

Pour la base des gâteaux

9 œufs
360 g de sucre en poudre
225 g de farine
+ 30 g pour les moules
90 g de Maïzena
30 g de beurre pour les moules

Pour la garniture

300 g de mascarpone
150 g de sucre glace

Pour la décoration

800 g de pâte à sucre

Matériel

3 moules à manqué de tailles différentes
3 longues baguettes de bois
Emporte-pièce rond de 3 cm de diamètre

1. Préchauffez le four à 150 °C (th. 5). Cassez les œufs en séparant les jaunes des blancs. Fouettez les jaunes avec 240 g de sucre jusqu'à ce que le mélange blanchisse. Ajoutez la farine et la Maïzena. Montez les blancs en neige. Quand ils commencent à mousser, ajoutez les 120 g de sucre restants et poursuivez jusqu'à ce qu'ils soient fermes et brillants. Incorporez-les à la pâte.

2. Beurrez et farinez les moules, puis remplissez-les de pâte. Enfournez pour 40 min de cuisson. Démoulez les 3 gâteaux immédiatement et laissez-les refroidir pendant 30 min.

3. Mélangez le mascarpone et le sucre glace, puis nappez-en les gâteaux refroidis. Empilez les gâteaux, du plus grand au plus petit et plantez les baguettes en bois au milieu pour faire tenir l'ensemble.

4. Saupoudrez le plan de travail de sucre glace et étalez la pâte à sucre blanche au rouleau. Recouvrez-en les 3 étages du gâteau et lissez-la bien.

5. Découpez des ronds à l'emporte-pièce dans les chutes de pâte à sucre blanche. Fixez-les sur le gâteau en passant un peu d'eau au pinceau, en dessous. Sculptez aussi des fleurs et des feuilles, puis décorez-en le gâteau.

Bûche traditionnelle

Pour 8 personnes / 1 h de préparation / 30 min de cuisson / 1 h de repos

Ingrédients

Pour le gâteau roulé

4 œufs
225 g de sucre en poudre
25 g de farine
75 g de Maïzena®
30 g de poudre d'amandes
10 cl de rhum
1 sachet de sucre vanillé

Pour la crème au beurre

2 jaunes d'œufs
75 g de sucre en poudre
30 g de farine
25 cl de lait
400 g de beurre
100 g de cacao en non sucré

1. Préchauffez le four à 180 °C (th. 6). Préparez le gâteau : battez les jaunes d'œufs, le sucre vanillé et 125 g de sucre pendant 4 min. Ajoutez la farine, la Maïzena® et la poudre d'amandes. Montez les blancs en neige et incorporez-les à la pâte. Versez la pâte sur une plaque à pâtisserie recouverte de papier sulfurisé et enfournez pour 10 min. Dans une casserole, faites chauffer 25 cl d'eau, le rhum et le reste de sucre. Versez sur le gâteau à la sortie du four. Recouvrez-le d'un torchon et roulez le gâteau sur lui-même.

2. Préparez la crème au beurre : Dans un saladier, déposez les jaunes d'œufs, le sucre et la farine. Ajoutez le lait chaud et remuez bien. Versez ce mélange dans la casserole et faites épaissir sur feu doux en remuant avec une cuillère en bois pendant 5 min environ. Hors du feu, incorporez le beurre. Mettez 2 belles cuil. à soupe de cette crème de côté. Ajoutez le chocolat dans le reste de la crème et mélangez bien. Réservez les deux crèmes au frais pendant 1 h.

3. Déroulez le gâteau et nappez- le de la moitié de la crème au chocolat. Coupez une extrémité du gâteau en biais et posez-la sur la bûche. Nappez la bûche du reste de crème au chocolat, mais pas le « nœud ». Dessinez des stries d'écorce d'une bûche à l'aide d'une fourchette. Nappez les extrémités de la bûche et le nœud de crème au beurre nature. Décorez la bûche à votre guise et réservez- la au frais jusqu'au moment de servir.

Bûche comme un tiramisu

Pour 8 personnes / 20 min de préparation / 3 h de repos

Ingrédients
100 g de chocolat
150 g de beurre
100 g de sucre en poudre
4 œufs
24 biscuits à la cuiller
2 tasses de café expresso
2 cuil. à soupe de sucre glace

Matériel
Moule à cake

1. Faites fondre le chocolat au bain-marie. Séparez les blancs des jaunes d'œufs.

2. Battez le beurre et le sucre, puis ajoutez les jaunes d'œufs. Incorporez le chocolat et remuez bien. Montez les blancs en neige et incorporez-les délicatement à la préparation précédente.

3. Trempez brièvement les biscuits dans le café et disposez-les au fond et sur les bords d'un moule à cake. Versez la préparation au chocolat.

4. Laissez reposer au frais pendant 3 h au minimum. Saupoudrez de sucre glace et servez aussitôt.

Bûche framboise et litchi

Pour 6 à 8 personnes / 30 min de préparation / 8 min de cuisson / 2 h de repos

Ingrédients

6 œufs
100 g de sucre en poudre
80 g de farine
1 pincée de sel

Pour la ganache au chocolat

500 g de chocolat blanc
50 cl de crème liquide

Pour la crème framboise-litchi

225 g de framboises
15 cl de sirop de litchi en boîte
50 g de sucre
20 g de Maïzena
3 jaunes d'œufs

Matériel

Batteur
Mixeur
Papier cuisson
Film alimentaire
Plaque à pâtisserie

1. Préparez le biscuit : préchauffez le four à 180 °C (th. 6). Cassez les œufs en séparant les blancs des jaunes. Dans un saladier, fouettez vivement les jaunes d'œufs avec la moitié du sucre en poudre. Dans un autre bol, montez les blancs en neige avec le sel en versant petit à petit le reste de sucre. Incorporez délicatement les blancs aux jaunes. Versez la farine en pluie en soulevant délicatement la préparation.

2. Étalez la pâte de façon homogène sur 1 cm d'épaisseur sur la plaque tapissée de papier cuisson. Enfournez pour 8 min.

3. Déposez le biscuit et enroulez-le dans un torchon propre. Laissez-le refroidir avant de l'utiliser.

4. Préparez la crème : mixez les framboises. Dans une casserole, versez le sirop de litchi, les framboises, le sucre et la Maïzena. Ajoutez les jaunes d'œufs, mélangez puis faites chauffer à feu doux. Tout en remuant, laissez épaissir la crème. Ôtez du feu puis filmez au contact. Laissez reposer 2 h au frais.

5. Préparez la ganache au chocolat blanc : Dans un saladier, concassez le chocolat. Faites chauffer la crème liquide dans une casserole et portez-la à ébullition. Une fois la crème liquide à ébullition, versez-la sur le chocolat et mélangez-la délicatement à l'aide d'une cuillère en bois jusqu'à obtenir une ganache lisse et homogène.

6. Déroulez le biscuit et étalez la crème dessus à l'aide d'une spatule. En vous aidant du torchon, enroulez à nouveau le biscuit puis étalez la ganache dessus. Déposez des framboises et des litchis sur la bûche et réservez au frais jusqu'au moment de servir.

Cake de Noël

Pour 8 personnes / 20 min de préparation / 45 min de cuisson / 1 h de repos

Ingrédients

150 g de beurre
+ 20 g pour le moule
250 g de farine
+ 20 g pour le moule
1 sachet de levure chimique
150 g de sucre en poudre
3 œufs
200 g de crème fraîche épaisse
15 cl de miel liquide
100 g de fruits confits variés (orange, cerise, angélique...)

1. Préchauffez le four à 180 °C (th. 6). Étalez 20 g de beurre dans un moule et répartissez 20 g de farine. Réservez le moule au réfrigérateur.

2. Mélangez la farine, la levure et le sucre, puis ajoutez le beurre fondu, les œufs, la crème et le miel. Mélangez bien sans trop travailler.

3. Hachez la moitié des fruits confits. Versez la moitié de la pâte dans le moule, saupoudrez de fruits confits puis recouvrez du reste de pâte. Enfournez pour 45 min.

4. Démoulez le gâteau à sa sortie du four et laissez-le refroidir à température ambiante pendant 1 h. Décorez du reste de fruits confits.

Gâteau de noël

Pour 8 personnes / 1 h 30 de préparation / 30 min de repos / 30 min de cuisson

Ingrédients

Pour la base du gâteau

500 g de mascarpone
250 g de beurre à température ambiante + un peu pour le moule
300 g de sucre en poudre
1 sachet de sucre vanillé
4 œufs
280 g de farine + un peu pour le moule
50 g de Maïzena
1 sachet de levure
100 g de sucre glace

Pour la déco

700 g de pâte à sucre
3 gouttes de chaque colorant : vert foncé, vert clair et jaune
1 goutte de colorant rouge
1 blanc d'œuf

Matériel

Batteur
Cure-dents

1. Préchauffez le four à 180 °C (th. 6). Beurrez et farinez un saladier en Pyrex, puis réservez-le au réfrigérateur.

2. Mélangez la moitié du mascarpone et le beurre au batteur jusqu'à obtention d'un mélange bien homogène. En continuant à battre, ajoutez le sucre, le sucre vanillé, puis les œufs un à un. Dans un saladier, mélangez la farine, la Maïzena et la levure. Incorporez ce mélange à la pâte et versez-la dans le saladier beurré et fariné. Enfournez pour 30 min de cuisson. Démoulez et laissez refroidir sur une grille, pendant 30 min.

3. Mélangez le mascarpone restant et le sucre glace, puis nappez-en le gâteau refroidi.

4. Réservez 400 g de pâte à sucre et divisez le reste en quatre. Enfilez des gants en caoutchouc et malaxez chacun des morceaux avec l'un des colorants. Saupoudrez le plan de travail de sucre glace et étalez la pâte à sucre blanche au rouleau. Recouvrez-en le gâteau et lissez-la bien.

5. Faites de longs boudins avec la pâte à sucre blanche restante et les pâtes colorées. Positionnez chaque boudin de couleur à côté d'un boudin de pâte à sucre blanche sur le plan de travail. Donnez un coup de rouleau pour les assembler. Fixez la base de ces rubans au gâteau avec du blanc d'œuf et faites-les s'enrouler, en les frônçant, tout autour et jusqu'au sommet.

6. Façonnez une étoile et placez-la au sommet du gâteau. Faites aussi des cannes à sucre en enroulant des petits boudins de pâte à sucre blancs et rouges. Fixez-les sur le gâteau avec des petits cure-dents.

Muffins rennes

Pour 12 muffins / 20 min de préparation / 15 min de cuisson / 30 min de repos

Ingrédients
100 g de bonbons chocolatés Daim®
125 g de beurre mou
125 g de sucre en poudre
1 sachet de sucre vanillé
2 œufs
125 g de farine
½ sachet de levure chimique
50 g de poudre d'amandes
24 mini-bretzels
24 petits bonbons noirs et 12 petits bonbons rouges

Matériel
Moules à muffins

1. Préchauffez le four à 180 °C (th. 6). Concassez grossièrement les Daim®. Dans un saladier, mélangez le beurre et le sucre jusqu'à ce que le mélange blanchisse. Ajoutez le sucre vanillé, les œufs, la farine, la levure et la poudre d'amandes.

2. Fouettez pour obtenir une préparation bien homogène et ajoutez les Daim®. Remplissez des caissettes à muffins de la préparation et enfournez pour 15 min. Laissez les muffins refroidir.

3. Cassez la moitié de chaque bretzel et piquez-les dans les muffins de façon à réaliser les cornes d'un renne. Disposez les bonbons noirs au niveau des yeux et les rouges pour faire le nez.

MERRY CHRISTMAS

Gâteau tout schuss

Pour 12 personnes / 1 h de préparation / 30 min de repos / 40 min de cuisson

Ingrédients

Pour la base du gâteau

16 œufs
L'équivalent du poids des 16 œufs (environ 1 kg) de beurre, de sucre en poudre et de farine
4 sachets de sucre vanillé
40 g de beurre pour les moules
20 g de sucre pour les moules
2 sachets de levure

Pour la garniture

250 g de mascarpone
200 g de sucre glace
200 g de confiture de myrtilles sauvages

Pour la déco

600 g de pâte à sucre

Matériel

Batteur
2 moules rectangulaires
Sujets de décorations en plastique (skieurs, sapins)

1. Préchauffez le four à 180 °C (th. 6). Cassez les œufs en séparant les blancs des jaunes. Beurrez et sucrez les 2 moules. Réservez-les au réfrigérateur.

2. Faites fondre le beurre. Mélangez-le avec les sucres au batteur et incorporez les jaunes d'œufs un à un. Dans un saladier, mélangez la farine et la levure, puis ajoutez le tout à la pâte. Mélangez bien. Montez les blancs en neige bien ferme et incorporez-les délicatement à la préparation. Remplissez les moules et enfournez 40 min. Démoulez immédiatement et laissez refroidir 30 min.

3. Mélangez le mascarpone avec le sucre glace. Coupez les gâteaux en gros morceaux et empilez-les de façon à recréer une piste de ski. Entre chaque morceau, étalez une couche de confiture de myrtilles. Nappez l'ensemble de mascarpone sucré.

4. Saupoudrez le plan de travail de sucre glace et étalez la pâte à sucre au rouleau à pâtisserie. Recouvrez-en toute la piste de ski. Décorez avec des petits sujets en plastique (skieurs, sapins, petits lapins, etc.) et saupoudrez de sucre glace.

Découvrez tous les titres de la collection !

5,95 €

100 recettes

100 listes
de courses
à flasher

À paraître

mars 2017

mars 2017

avril 2017

mai 2017

mai 2017

mai 2017

mai 2017

juin 2017

juin 2017

juin 2017

Crédits des recettes :
Aurélie Desgages : pp. 16, 18, 22, 40, 50, 52, 60, 72, 88, 90, 92, 94, 96, 98, 122, 124, 126, 128, 160, 162, 174, 186, 192, 196, 202, 204 ; Marie-Bénédicte Desvallon : pp. 138, 140, 142, 144, 146 ; Valéry Drouet : pp. 112, 114, 116 ; Thomas Feller : pp. 14, 20, 24, 30, 36, 62, 64, 74, 76, 78, 80, 82, 84, 86, 104, 106, 118, 120, 152, 158, 166, 170, 176, 178, 180, 182, 184, 190 ; Eva Harlé : pp. 26, 28, 32, 34, 100, 102 ; Stéphan Lagorce : pp. 38, 42, 44, 46, 48, 54, 110 ; Mélanie Martin : pp. 56, 66, 68, 70, 130, 154 ; Philippe Mérel : pp. 132, 134, 136 ; Catherine Moreau : pp. 194, 198, 200, 206, 208, 210, 214, 216, 218, 220 ; Emilie Perrin : pp. 58, 150, 156, 164, 168, 172.

Crédits des photographies :
© Eric Fénot : pp. 33, 35, 101, 103 ; © Valéry Guédès : pp. 133, 135, 137 ; © Bob Norris : 122, 160, 174, 192, 204 ; © Rina Nurra : pp. 17, 19, 23, 39, 41, 43, 45, 47, 49, 51, 53, 55, 61, 73, 89, 91, 93, 95, 97, 99, 111, 125, 127, 189, 183, 187, 197, 203, 213 ; © Amélie Roche : pp. 195, 201 ; © Aline Princet : pp. 27, 29, 57, 59, 119, 121, 131, 139, 141, 143, 145, 147, 155 ; © Philippe Vaurès-Santamaria : pp. 15, 21, 25, 31, 37, 63, 65, 67, 69, 71, 75, 77, 79, 81, 83, 85, 87, 105, 107, 150, 153, 157, 159, 165, 167, 169, 171, 173, 177, 181, 183, 185, 191, 199, 207, 209, 211, 215, 217, 219, 221 ; © Pierre-Louis Viel : pp. 113, 115, 117.

Isabelle Brouant remercie Zara Home et Habitat pour le prêt de la vaisselle.

Direction : Catherine Saunier-Talec

Responsable éditoriale : Céline Le Lamer

Responsable artistique : Antoine Béon

Fabrication : Amélie Latsch

Partenariats : Sophie Morier (smorier@hachette-livre.fr)

Dépôt légal : janvier 2017

76-3916-7/01

ISBN : 978-2-01-701996-1

Achevé d'imprimer par Macrolibros en Espagne.